Naturführer kompakt

PILZE

Paul Sterry

Der Text dieses Buches entspricht den Regeln der neuen deutschen Rechtschreibung.

Vor der Verwendung von Pilzen sollte man sich absolute Gewissheit darüber verschaffen, um welche Art es sich jeweils handelt. Beim geringsten Zweifel die Pilze lieber wegwerfen als verzehren! Fachkundige Beratung erhalten Sie in der nächstgelegenen Pilzberatungsstelle.

Foto Seite 1: Kegeliger Saftling (Paul Sterry)

Fotos:
Alle Fotos in diesem Buch wurden von Nature Photographers Ltd. zur Verfügung gestellt. Die meisten Aufnahmen stammen von Paul Sterry, mit folgenden Ausnahmen:
S. C. Bisserot 83u, 88u; Frank V. Blackburn 14u, 15u, 17o, 24u, 30u, 31u, 39u, 40o, 46u, 47o, 49u, 50u, 51u, 62o, 63o, 64o, 76o, 79u, 82o, 95o, 95u, 103u, 104o, 107o, 110o, 111o, 115u, 117u, 118u, 121u, 127o, 128u, 130u, 137u; Derick Bonsall 37o, 52u, 96o, 129o; Brinsley Burbidge 48u, 57o, 66o, 73u, 81u, 83o, 104u, 126o, 132u, 139o; Robin Bush 16o, 19u, 20o, 21o, 23u, 26u, 27o, 29o, 32o, 32u, 35u, 43u, 44o, 56o, 62u, 70u, 72u, 74u, 80u, 87o, 90u, 91o, 93o, 94u, 101u, 103o, 111u, 114o, 119u, 122u, 135o; Kevin Carlson 77o; Andrew Cleave 39o, 49o, 51o, 59o, 80u, 81o, 97o, 101o, 105o, 108o, 113u, 120o, 124u, 128o, 129u, 138u; Ron Croucher 50o, 80o, 108u; C. H. Gomersall 71o, 85u, 98o, 113o; James Hyett 59u, 61o, 66u, 68u, 72o, 76u, 77u, 78o, 127u; E. A. Janes 16u, 18o, 25u, 33u, 38o, 42u, 117o, 122o, 133u; D. Osborn 30o, 37u, 44o, 46o, 56o, 57u, 58u, 60o, 68o, 75o, 75u, 84u, 87u, 90o, 94o, 119o, 125u; Jim Russell 125o; Don Smith 109u; Andrew Weston 23o, 64u, 71u, 80o.
o = oben, u = unten.

Übersetzung: Dr. rer. nat. Wernher Laufer
Fachberatung: Dr. rer. nat. Christa Söhl
Redaktion: Dr. Reitter & Partner Verlag GmbH

Herstellung und Satz: Dr. Reitter & Partner Verlag GmbH

817 2635 4453 6271

03 02 01 00

Inhalt

Einführung

Es soll Naturfreunde geben, die auf ihren Wanderungen entlang den Wegen oder bei ihren Streifzügen durch herbstliche Wälder jemals weder Speise- noch Giftpilze zu Gesicht bekommen haben. Andere zeigen sich schon mal an einem besonders farbenfrohen Pilz interessiert oder fragen sich besorgt, ob ein recht köstlich aussehendes Exemplar auch wirklich genießbar ist. Wieder andere nehmen das Sammeln von Pilzen auf ganztägigen Exkursionen, die dann oft zu wahren Pilz-Schatzsuchen werden, sehr ernst. Welcher Art auch immer Ihr Interesse ist – die in Europa vorkommenden Pilzarten bieten Ihnen Möglichkeit zu einem ernsthaften Hobby und sind so vielgestaltig, dass sie auch den eher nur allgemein interessierten Naturliebhaber ansprechen. Gedacht ist dieses Buch für möglichst alle Interessengruppen, soll aber vor allem dem begeisterten Amateur-Pilzfreund helfen, häufig verbreitete oder besonders eindrucksvolle Arten einer Region zu bestimmen.

Einige tausend Pilzarten sind in Europa heimisch. Viele sind jedoch mikroskopisch klein, und so wird auf sie, obwohl sie für die Landwirtschaft als mögliche Verursacher von Ernteschäden durchaus von Bedeutung sind, in diesem Buch nicht näher eingegangen. Von den mindestens zweitausend größeren Arten sind etwa tausend weit verbreitet anzutreffen. Eine angemessene Artenauswahl für ein Buch dieses Umfangs zu treffen war verständlicherweise nicht einfach, zumal viele Arten häufiger in nördlicheren als in südlichen Regionen zu finden sind und umgekehrt. Daher wurde eine Artenliste abhängig von einem häufigen Vorkommen in bestimmten Regionen, aber auch abhängig von der insgesamten Verbreitung über ganz Europa zusammengestellt.

Die in diesem Buch beschriebenen Pilzarten sind in der Regel leicht und ohne Hilfe eines Mikroskops zu erkennen. Die meisten werden beträchtlich, einige sogar enorm groß, während wenige andere eher klein oder extrem winzig sind. Ihnen allen gemeinsam sind charakteristische Merkmale, die sie in die Gruppe der Pilze einordnen lassen, also von Organismen, die streng genommen weder zum Pflanzen- noch zum Tierreich gehören. Dabei zeichnen sie sich durch eine außergewöhnliche Formenvielfalt aus, die es wert ist, sorgfältiger studiert zu werden.

Wie nutzt man dieses Buch?

Im Bestimmungsteil ab Seite 14 werden 252 Pilzarten dokumentiert. Diese sind in Gruppen eingeteilt, die der gängigen, anerkannten Pilztaxonomie entsprechen. Begonnen wird mit den Röhrenpilzen, gefolgt von den Lamellen- und den Bauchpilzen. Dann folgen die Porlinge und verwandte Arten, die Gallertpilze, die Becherlinge sowie schließlich die Holzkeulen und Trüffelartigen. Zusätzlich wurden noch zwei so genannte Schleimpilze mit aufgeführt, die einer mit den übrigen Pilzen kaum verwandten Gruppe angehören, aber überall anzutreffen sind. Zu jedem Pilz finden sich ein Foto und ein erläuternder Text.

Die Fotografien

Pilze sind insofern nicht einfach zu illustrieren, als sie in ihrem Erscheinungsbild nicht nur innerhalb einer Art, sondern auch als einzelner Pilz während eines Lebenszyklus stark variieren können. Einige verändern dabei ihre Färbung, andere wechseln ihr Aussehen abhängig von der Luftfeuchtigkeit. Auch in Größe, Hut- oder Stielform können sie deutlich voneinander abweichen. Bei der Bildauswahl wurde daher sorgfältig darauf geachtet, das am meisten charakteristische Erscheinungsbild einer bestimmten Art mit einem Foto zu dokumentieren. Bei starken Abweichungen wurde die fehlende Bildinformation durch den begleitenden Text sorgfältig ergänzt.

Die Beschreibungtexte

Um einen Artenvergleich so leicht wie möglich zu machen, wurde in den beschreibenden Texten möglichst durchgehend eine bestimmte Reihenfolge eingehalten. An erster Stelle steht der gebräuchliche deutsche Name, ihm folgt die wissenschaftliche Bezeichnung. Als Beispiel sei der Fliegenpilz, *Amanita muscaria*, aufgeführt. Der erste Namensteil bezieht sich auf die Gattung, der ein Pilz angehört; in diesem Fall weist *Amanita* auf die Gattung der Wulstlinge hin. Die zweite Bezeichnung bestimmt die entsprechende Art. Wurden Pilznamen erst kürzlich geändert, so ist in Klammern eine zweite Gattungs- oder Artenbezeichnung angegeben, um eine Identifizierung zu erleichtern. Als nächstes folgt bei allen Röhren- und Lamellenpilzen wie auch bei vielen anderen Arten die Größenangabe in Zentimetern. Diese gibt, wenn nichts anderes vermerkt ist, die maximal erreichbare Höhe des Pilzes an.

In der ausführlichen Artenbeschreibung werden zunächst die Abmessungen, Form und Farbe des Hutes angegeben, gefolgt von Charakteristika zu den Lamellen, zum Fruchtfleisch und zum Stiel. Wegen der großen Variabilität einiger Pilzarten wurden möglichst viele Details aufgeführt, um eine exakte Pilzbestimmung zu erleichtern. Es folgen Angaben zur Verbreitung und zu den bevorzugten Lebensräumen, wobei die Informationen zum Standort und der Bodenbeschaffenheit ebenfalls sehr wichtig für eine nähere Bestimmung sind. Zum Schluss sind die Jahreszeiten angegeben, in denen die beschriebenen Pilze am ehesten zu finden sind, und ob sie genießbar sind oder eher nicht. Grafische Symbole geben dies auf einen Blick an:

●● = essbar, empfehlenswert;

● = essbar;

●▲ = essbar, aber nicht empfehlenswert;

▲ = ungenießbar;

▲▲ = giftig.

Was sind Pilze?

Viele Jahrhunderte lang wurden alle Lebewesen entweder dem Tier- oder dem Pflanzenreich zugeteilt, wobei die Pilze bis vor noch nicht allzu langer Zeit noch zum Letzteren gezählt wurden. Obwohl sie den Pflanzen geringfügig ähneln, fehlt den Pilzen doch das Blattgrün (Chlorophyll), das alle grünen Pflanzen enthalten und das benötigt wird, um aus Sonnenenergie, Kohlendioxid und Wasser Zucker zu gewinnen. Stattdessen erhalten Pilze ähnlich den tierischen Lebewesen ihre Energie durch Zersetzung organischen Materials, meist aus abgestorbenem, seltener aus lebendem Gewebe. Des Weiteren bestehen die harten Pilzbestandteile überwiegend aus Chitin und stehen somit chemisch gesehen dem Chitinpanzer von Insekten verwandtschaftlich näher als den Pflanzen, die oft mit Lignin verstärkt sind. So spricht vieles dafür, mit dem Pilzreich eine weitere Kategorie in der Welt der Lebewesen einzuführen, um diese ungewöhnlichen Organismen vernünftig einzuordnen.

Die von uns betrachteten Pilze sind immer nur der Fruchtkörper und vergleichbar kurzlebig. Der Hauptteil eines Pilzes umfasst ein weit verzweigtes, sehr feines Faden- oder Hyphengeflecht, genannt Myzel, das sich meist im Boden ausbreitet, um abgestorbenes Material zu zersetzen. Somit verkörpert der an einem Baum sitzende Porling auch nur den Fruchtkörper eines Pilzmyzels, das die Holzsubstanz durchdringt.

Die einzelnen Hyphen sind zu klein, um mit bloßem Auge erkannt zu werden. Oft jedoch schließen sie sich zusammen und bilden sichtbare Fäden von Nähgarndicke. Einige Pilzarten bilden etwas dickere schwarze Fäden ähnlich Schnürsenkeln aus, die Rhizomorphen genannt werden und häufig unter lockerer Borke toter Bäume zu finden sind.

Das Myzel ist mehrjährig und überdauert im Boden viele Jahre, vermutlich sogar viele Jahrhunderte. Es spielt eine wichtige Rolle bei der Zersetzung des zu Boden gefallenen herbstlichen Laubes und der damit verbundenen Nährstoffrückführung in den Boden. Das Gleiche gilt auch für die Zersetzung von Baumstümpfen und Holzbruch.

Nicht alle Pilze beschränken sich auf die Verwertung toten organischen Materials. Einige senden beispielsweise ihre Hyphen zu den Wurzeln von Bäumen hinab und formen zwischen den feineren Wurzelenden ein Netzwerk. Dort findet in Form einer Symbiose ein gegenseitiger Austausch lebenswichtiger Stoffe statt, auch Mykorrhiza genannt. Man glaubt, dass die Pilzhyphen in der Lage sind, chemische Verbindungen wie Phosphate aufzunehmen und diese an die Bäume weiterzugeben. Im Gegenzug erhalten sie von den Bäumen andere Komponenten, die sie selber nicht synthetisieren können.

Wie identifiziert man Pilze?

Es gibt bei Pilzfruchtkörpern eine kaum zu überschauende Vielfalt an Formen, Strukturen und Farben. Sie variiert von Becherformen zu fingerähnlichen Auswüchsen, von auf Stielen sitzenden Schirmen zu kartoffelähnlichen, auf der Erde liegenden Knollen, von weicher Gallertmasse zu kaum mit dem Messer verletzbaren Schwämmen und von leuchtend roter Farbe zu reinem Weiß. Dies mag zu Beginn den angehenden Pilzfreund noch etwas verwirren. Achtet man aber gezielt auf einige Schlüsselmerkmale, so verbessern sich die Chancen einer erfolgreichen Bestimmung erheblich.

Bevor Sie in irgendeiner Form aktiv werden, betrachten Sie zunächst einmal sorgfältig den Pilzstandort. In einem Wald sollten Sie beispielsweise versuchen, den Waldboden, die Beschaffenheit des Waldes und den Baumtyp, unter dem der gefundene Pilz wächst, näher zu bestimmen. Die unten abgebildete Grafik veranschaulicht die Grundstruktur eines Pilzes.

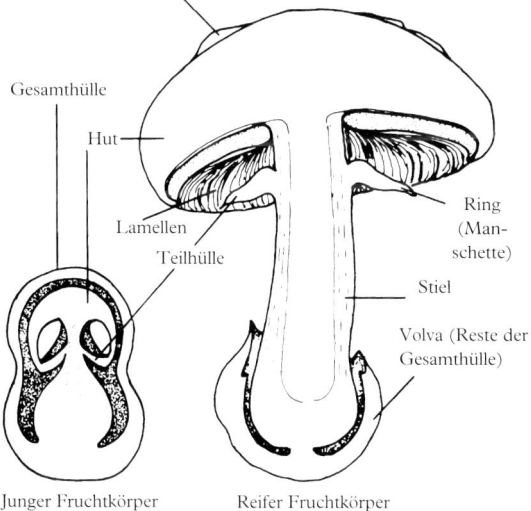

Reste der Gesamthülle können auf dem Hut als Schuppen verbleiben.

Gesamthülle

Hut

Lamellen

Teilhülle

Ring (Manschette)

Stiel

Volva (Reste der Gesamthülle)

Junger Fruchtkörper

Reifer Fruchtkörper

Als nächstes untersuchen Sie den Pilz. Der typische Fruchtkörper eines Speise- oder Giftpilzes hat einen Hut, getragen und gestützt von einem Stiel. Auf der Hutunterseite befindet sich der Sporen tragende Bereich, der aus flachen Blättern, den Lamellen, oder aber aus Röhren besteht, deren Öffnungen Poren heißen. Näher betrachtet können die Lamellen herablaufend, frei oder angewachsen sein. Ermitteln Sie die Struktur sowie Farbe der Hutober- bzw. Hutunterseite und ob bei einer Verletzung eine Verfärbung oder das Austreten milchiger Substanzen zu beobachten ist.

Am Stiel sitzt oft ein Ring, der fest oder recht zart sein kann. Dieser entsteht durch eine Membran (die Teilhülle), welche die Lamellen des jungen Pilzes schützt. Die Stielbasis kann von der so genannten Volva umhüllt sein. Sie ist der Rest der Gesamthülle, die den jungen Fruchtkörper vollständig umhüllt und während des Wachstums schließlich aufreißt. Beide Hüllenreste können, müssen aber nicht vorhanden sein; es ist jedoch wichtig, sie bei einer Bestimmung zu erkennen, zumal die Volva charakteristisch für einige der giftigsten Pilzarten ist. Die Stielbasis kann mit Hilfe eines Taschenmessers oder einer Gartenkelle aus dem Boden gehoben werden.

Auch die Sporenfärbung kann zu einer vagen Bestimmung herangezogen werden. Besser, Sie achten auf einen feinen Sporenbelag auf Pilzen oder Blättern in der Nähe. Noch sicherer ist es, einen Hut knapp unter den Lamellen vom Stiel zu trennen, ihn, auf der Oberseite leicht angefeuchtet, mit den Lamellen nach unten auf ein weißes Papier zu legen und mit einem Glas zu schützen. Nach einigen Stunden sollte eine Sporenschicht mit einem Lamellenabdruck zu sehen sein.

Die Piktogramme

Die unten erläuterten Symbole sollen auf einen Blick den Zugang zu den verschiedenen Familiengruppen (bzw. Gattungen) und deren schnelle Bestimmung ermöglichen.

Röhrlinge	Kremplinge und Afterleistlinge	Täublinge	Milchlinge
Saftlinge	Seitlinge		

Trichterlinge — Verschiedene Lamellenpilze — Helmlinge — Tintlinge — Egerlinge (Champignons) — Schirmlinge

Wulstlinge (Knollenblätterpilze) — Rutenpilze — Teuerlinge — Stäublinge und Boviste — Leistlinge und Verwandte — Keulen- und Korallenartige

Porlinge und Stachelpilze — Gallertpilze — Morcheln/Lorcheln — Ohrlinge/Becherlinge — Holzkeulen/Trüffelartige — Schleimpilze

Taxonomie der Pilze

Alle Pilze besitzen eine gleiche Grundstruktur der Hyphen und vermehren sich über Sporen. Anhand der Art ihrer Sporenverbreitung kann man zwei deutlich unterschiedliche Klassen unterscheiden: die Basidiomyzeten und die Askomyzeten.

Die Basidiomyzeten geben ihre Sporen in den normalen Luftstrom der Umgebung ab und erheben ihre Fruchtkörper daher auch nicht sehr weit über den Boden. In der Regel werden je vier Sporen an einer endständigen Pilzzelle, der Basidie, nach außen abgeschnürt. Askomyzeten hingegen bilden ihre Sporen in einem schlauchartigen Gebilde, dem Askus, der einem Gewehrlauf ähnelt und meistens aufwärts gerichtet ist. Bei vollständiger Reife werden die Sporen mit Wucht einige Millimeter weit hinausgeschleudert und können dann im Luftstrom weiter fortgetragen werden. Eine weitere, dritte Klasse stellen die so genannten Schleimpilze, Myxomyzeten, dar. Sie sind in diesem Buch ihrer Besonderheit wegen mit zwei Exemplaren vertreten. Nähere Angaben zur Klassifizierung und ihrem Aufbau gehen jedoch über den Rahmen dieses Buches hinaus.

Nur sehr wenige der freigesetzten Pilzsporen keimen jemals aus und entwickeln sich zu einem fertigen Organismus. Daher werden sie auch in großer Menge produziert: so kann ein durchschnittlicher Pilz 10–20 Milliarden Sporen bilden.

Die Basidiomyzeten

Für dieses Buch wurden aus der Unterabteilung *Basidiomycotina* folgende Klassen und Ordnungen berücksichtigt: die *Boletales* (Röhrenpilze), die *Agaricales* (Lamellenpilze), die *Gastromycetes* (Bauchpilze), die *Poriales* (Porlinge) und die *Tremellales* (Gallertpilze).

Boletales (Röhrenpilze)

Mit Ausnahme von zwei seltenen Arten wachsen alle europäischen Mitglieder dieser Ordnung auf dem Boden und bilden Lebensgemeinschaften (Mykorrhiza) mit Pflanzen, in der Regel mit Bäumen. Sie sehen wie typische Speisepilze aus und haben auf der Hutunterseite anstelle der Lamellen Röhren, die sich als Poren öffnen. Dieses Buch enthält folgende Gattungen:

Boletus – mit trockenem Hut und Stiel, der mit kleinen Punkten oder einem feinen Netz versehen sein kann.

Suillus – mit einem Hut, der bei Nässe deutlich schmierig sein kann, und einem glatten Stiel.

Leccinum – mit trockenem Hut und schuppigem Stiel.

Strobilomyces – mit schuppigem Hut und Stiel.

Agaricales (Lamellenpilze)

Auch diese sehen wie Speisepilze aus, tragen aber auf der Hutunterseite Lamellen, auf deren Oberfläche Sporen gebildet werden. Einige Agaricales haben zur Seite wachsende Stiele; meistens aber erhebt sich der Hut mit Stiel senkrecht vom Boden. Dieses Buch enthält einige der größeren Gattungen:

Lactarius – Auch Milchlinge genannt, weil bei Verletzung von Hut oder Lamellen eine milchige Flüssigkeit austritt. Der Geschmack der Milch und eine eventuelle Farbänderung des Fleisches werden zur näheren Bestimmung herangezogen. Die Lamellen sind dick, angewachsen, herablaufend, jedoch nie frei.

Russula – Viele Arten haben die Form eines typischen Giftpilzes mit abgerundetem oft leuchtend gefärbtem Hut und meist weißem Stiel. Das Fruchtfleisch ist brüchig, die Lamellen sind weiß bis gelb und verlaufen bei den meisten Arten vom Stiel bis zu den Hutenden.

Hygrophorus und *Hygrocybe* – Auch als Schnecklinge und Saftlinge bezeichnet. Die Lamellen sind dick, deutlich auseinander stehend und wachsartig. Viele haben leuchtende Farben und variieren in der Größe von kleinen bis zu mittelgroßen Pilzen sowie in der Hutform von runden bis zu abgeflachten, umgekehrten Kegeln. Bei Nässe ist der Hut schleimig.

Amanita – Hierunter finden sich einige der besonders giftigen Pilze, die am unteren Stielende eine Volva besitzen. Diese kann groß und fest, zerbrechlich oder zu einer Anzahl von Ringen reduziert sein. Die meisten haben oben am Stiel einen Ring, der aber manchmal auch versteckt sein kann.

Lepiota – Weißliche Pilze mit einem mehr oder weniger schuppigen Hut, weißen und freien Lamellen sowie einem Ring. Die Gattung wird neuerdings in die großen, genießbaren Arten, *Macrolepiota*, und in die ungenießbaren kleinen mit der ursprünglichen Bezeichnung *Lepiota* unterteilt.

Collybia – Eine umfangreiche Gattung; zahlreiche Mitglieder sind als zersetzende Organismen für die Waldökologie von Bedeutung. Die weißen Lamellen sind entweder frei oder leicht an den meist harten Stiel geheftet.

Clitocybe – Die Pilze haben charakteristische weiße Lamellen, die deutlich herablaufend sind. Der Hut ist oft trichterförmig mit kurzem Stiel.

Mycena – Kleine Pilze mit weißen Lamellen, die meistens angewachsen sind. Der Hut ist gewöhnlich kegelförmig, kann sich aber mit der Zeit flach öffnen, der Stiel ist lang und dünn. Einige Arten sondern, wenn sie geschnitten werden, eine Flüssigkeit ab.

Coprinus – Diese Pilze besitzen Lamellen und Hüte, die ganz charakteristisch langsam zerfließen. Die Sporen werden vom Regen fort gespült.

Gastromycetes (Bauchpilze)
Die Pilze dieser abwechslungsreichen Gruppe bilden ihre Sporen in einem Netzwerk aus Hyphen und Basidien, die sich anfangs innerhalb des Fruchtkörpers befinden. Diese können durch eine zentrale Öffnung, wie bei den Stäublingen, ausgestoßen werden oder dort bis zum Zerfallen der Außenhülle verbleiben. Bei der Stinkmorchel befinden sich die reifen Sporen in einer klebrigen Masse, die oben auf dem Stiel sitzt.

Poriales (Porlinge)
Dies sind Pilze ohne echte Lamellen, obwohl einige Arten solche zu besitzen scheinen. *Stereum* ist die vielleicht anschaulichste Gattung. Sie besteht aus waagerecht angeordneten Platten mit einer Sporen tragenden Oberfläche auf der Unterseite.

Tremellales (Gallertpilze)
Eine passend benannte Gruppe, deren Fruchtkörper sehr elastisch sind. Die Sporen werden im Inneren an Basidien gebildet. Die beschriebenen Arten leben alle parasitisch oder saprophytisch auf Holz.

Die Askomyzeten

Die in diesem Buch behandelten größeren Askomyzeten können in zwei Gruppen eingeteilt werden: die *Discomycetes* und die *Pyrenomycetes*.

Discomycetes (Becherlinge und Öhrlinge)
Diese haben eine charakteristische schalenförmige Gestalt, sind verschieden groß, von weniger als einem Millimeter bis zu einigen Zentimetern in der Breite. Die Sporen produzierende Oberfläche liegt auf der Oberseite. Einige Diskomyzeten, darunter auch die Morcheln, tragen auf ihren Stielen komplexe, kugelige Geflechte.

Pyrenomycetes (Holzkeulen und Trüffelartige)
Diese haben meist ein schwarzes, krustiges Aussehen. Sie tragen ihre Sporen in Aski, die nach innen gerichtet innerhalb eines flaschenförmigen Fruchtkörpers sitzen und durch eine obere Öffnung entweichen können. Zusätzlich produzieren einige Arten so genannte Konidiosporen, die an den Enden von Hyphen abgeschnürt werden. Diese Sporen führen dann zu einem weißen Staub auf der Oberfläche des Fruchtkörpers.

Pilze als Hobby

Das Sammeln von Pilzen kann ein faszinierender Zeitvertreib sein und in unterschiedlichste Gelände sowie zu vielen Standorten führen. Pilze nutzen fast jeden denkbaren Lebensraum und jede ökologische Nische. Eine große Anzahl und Vielfalt findet sich auf Heideland, auf Weiden und Wiesen sowie entlang von Wegen.

Die besten Möglichkeiten aber bieten sich Pilzsuchenden zweifellos in Wäldern. Beinahe jede Art von Holz, speziell aber verfallene und ungestörte Bereiche sind besonders geeignet. Ein mit Blattlaub bedeckter Boden und verrottende Baumstümpfe sind dem Pilzwuchs äußerst förderlich, während gut aufgeräumte Bereiche nur sehr arm an Arten sind. Sie sollten auch bedenken, dass verschiedene Pilzarten die Nadelwälder gegenüber den Laubwäldern als Standort bevorzugen und umgekehrt oder in beiden zu finden sind.

Das Sammeln von Pilzen ist eine Beschäftigung, die mehr oder weniger das ganze Jahr über betrieben werden kann, wobei die herbstlichen Monate die ergiebigsten sind. August, September und Oktober bilden den Höhepunkt des Sammlerjahres, und längere Regenschauer lassen nach einigen Tagen eine große Anzahl von Arten erscheinen. Waren der vorangegangene Frühling und Sommer sehr feucht, umso besser; trockene Jahre bescheren nur geringe Pilzausbeuten.

Doch ist das Erkennen von Pilzen nicht immer so einfach, wie man glaubt. Auf freiem Feld und von oben betrachtet scheinen sie sich oft viel weniger voneinander zu unterscheiden als auf unseren Fotos; so sind beispielsweise die Stiele oft durch Gras oder Laub fast vollständig verborgen. Andere Arten sind auf dem Waldboden sehr gut getarnt. Ein guter Tipp, diese eher im Verborgenen lebenden Pilze zu finden, ist, sich an Ort und Stelle flach auf den Boden zu legen. In Bodenhöhe können so sicherlich mehr Pilze ausfindig gemacht werden.

Pilze eignen sich schlecht für die häusliche Glasvitrine: Sie schrumpfen oft, verlieren Form bzw. Farbe und faulen sogar. Glücklicherweise sind sie exzellente Fotografierobjekte, und eine gute Dia-Sammlung ist in einer Saison rasch zusammengestellt. Sie benötigen für Ihre Kamera unbedingt ein Vergrößerungsobjektiv, um für Nahaufnahmen kleinerer Arten gerüstet zu sein. Ein Stativ für Aufnahmen in Bodennähe ist ebenfalls unerlässlich, da viele Pilze an lichtarmen Standorten stehen und lange Belichtungszeiten nötig sind. Ein kleines Blitzgerät kann von Nutzen sein; gegebenenfalls sollte auch eine leichte Überbelichtung in dunkleren Wäldern erwogen werden.

Viele Pilzbegeisterte lieben es, am Ende eines harten Exkursionstages die gut essbaren Exemplare zu verspeisen. Eine Pilzmahlzeit ist der krönende Abschluss eines Sammelausflugs, und die Gefahr der Falschbestimmung eines Giftpilzes soll hier nicht übic betont werden. Als einfache Faustregel für Pilze gilt: „Im Zweifelsfall sollte man einen Pilz nicht essen."

Trotz aller Pilzbegeisterung sollte aber stets die besondere Anfälligkeit einiger Arten berücksichtigt werden. In einigen Gegenden Europas werden Pilze mit derart großer Begeisterung und in so großer Stückzahl gesammelt, dass dies einen Einfluss insbesondere auf die Population einiger delikater und optisch spektakulärer Arten haben muss. Während kein Zweifel daran besteht, dass die generelle Zerstörung der Lebensräume eine viel unmittelbarere und weit verbreitete Bedrohung ist, wäre es eine Schande, wenn Pilzkenner dieses Problem noch verstärken würden. Sammeln Sie daher nie mehr als nötig, und bestimmen Sie vorher am Standort den Pilz, möglichst ohne ihn aus dem Boden zu lösen.

Glossar

Askus schlauchförmiger Sporenbehälter der Askomyzeten.

Askomyzeten Schlauchpilze

Basidie Sporenträger der Basidiomyzeten

Basidiomyzeten Ständerpilze

Fruchtkörper reproduktiver Teil des Pilzes

Gesamthülle Schutzhülle (*Velum universale*), umgibt Hut und Stiel eines jungen Fruchtkörpers

Hut oberer Teil eines Pilzfruchtkörpers

Hyphe langgestreckte Pilzzellen, die den vollständigen Pilz bilden

Lamellen flache, blattartige Strukturen auf der Hutunterseite

Mykorrhiza Lebensgemeinschaft zwischen Pilzen und den Wurzeln von Pflanzen

Myxomyzeten Schleimpilze.

Myzel fädiges Hyphengeflecht, bildet den unsichtbaren Vegatationskörper eines Pilzes

Poren Öffnungen der Sporen tragenden Röhren bei Röhrenpilzen

Rhizomorphen wurzelartig verdickte schwarze Myzelstränge

Ring Manschette; häutiger oder auch gallertiger Rest der Teilhülle am Stiel

Röhren Sporen tragende Gebilde bei den Röhrenpilzen auf der Hutunterseite

Sporen einzellige Verbreitungseinheit, entspricht dem Samen bei Samenpflanzen

Teilhülle dünne Membran (*Velum partiale*) zum Schutz der sich entwickelnden Lamellen

Velum Schutzhülle junger Fruchtkörper, die als Gesamt- oder als Teilhülle ausgebildet ist

Volva Scheide; Rest der Gesamthülle, oft als scheidenartige Hülle an der Stielbasis

Steinpilz *Boletus edulis* 20 cm

Dieser recht leicht zu erkennende Speisepilz ist in allen europäischen Küchen beliebt. Der braune Hut wird etwa 12 cm breit, ist anfangs rund, wird dann zunehmend flacher. Seine Oberfläche ist zuerst mehlig, wird dann glatt und ist befeuchtet stark schmierig. Die Poren sind erst weiß, werden gelblich, später olivgelb. Das Fleisch ist weiß und riecht angenehm. Der Stiel ist dickbauchig, blassgrau gefärbt und besonders am oberen Ende mit einer hellen Netzzeichnung versehen. Vorkommen in ganz Europa, in Wäldern oft unter Buchen und Eichen, von August bis November. ● Essbar.

Rotfußröhrling *Xerocomus (Boletus) chrysenteron* 10 cm

Der leicht zu erkennende Hut dieses weit verbreiteten Pilzes wird etwa 10 cm breit. Seine Oberfläche ist haselnussbraun, zunächst zart samtig überzogen; reißt dann vielfach ein, wobei die darunter liegende leuchtend rote Färbung durchschimmert. Die Poren sind schmutzig gelb. Das Fleisch ist mitteldick, creme- oder strohfarben mit einer dünnen rötlichen Schicht nahe der Außenhaut. Der Stiel ist bis auf das obere gelbe Ende über die gesamte Länge rötlich überzogen. Vorkommen in ganz Europa, in Nadel- und Laubwäldern, von August bis November. ●▲ Essbar, aber oft madig.

Maronenröhrling *Xerocomus (Boletus) badius*
15 cm

Der Hut ist etwa 10 cm breit und zeigt verschiedenste Brauntönungen von bräunlich orange bis dunkel kastanienbraun. Die Oberfläche ist anfangs halbkugelig gewölbt und feinfilzig überzogen, später flach ausgebreitet und eher glatt. Die Poren sind cremig gelb und laufen bei Druck blaugrün an. Das Fleisch ist weißlich, an den Schnittstellen stark blauend. Der Stiel ist meist ebenso lang wie breit, bräunlich gelb, mit feinfaseriger dunkelbrauner Äderung. Vorkommen in ganz Europa, in Laub- und Nadelwäldern, von August bis November. ●● Essbar, empfehlenswert.

Flockenstieliger Hexenröhrling *Boletus erythropus* 15 cm

Ein recht häufiger und farbenfroher Pilz. Sein Hut wird 10–15 cm breit und ist hell- oder kastanienbraun. Dessen Oberfläche ist zunächst halbkugelig gewölbt und filzig matt; wird mit zunehmendem Alter flacher und klebrig. Die rötlich orangefarbenen Poren sowie das gelblich gefärbte Fleisch laufen bei Verletzung intensiv blau an. Der Stiel ist sehr dick und nimmt zur Basis hin an Umfang zu. Sein gelblicher Grundfarbton ist mit rötlichen Flocken überzogen. Vorkommen in ganz Europa, in Laub- und Nadelwäldern, von August bis November. ▲ Ungenießbar.

Falscher Röhrling   *Boletus (Xerocomus) impolitus*   12 cm

Dieser robuste Pilz kann leicht mit dem Maronenröhrling verwechselt werden. Der Hut ist etwa 12 cm breit, hellbraun und meist mit dunkleren, rötlich braunen Flecken überzogen. Die leuchtend gelben Poren verfärben sich bei Druck dunkler. Das Fleisch ist weiß und schwach gelb getönt. Im Gegensatz zu dem Maronenröhrling ist der Stiel dick und birnenförmig, bräunlich gefärbt und zur Basis hin rötlich braun gefleckt. Vorkommen in ganz Europa, in Laubwäldern, besonders unter Eichen, von Juli bis September.
● Essbar, aber leicht mit ungenießbaren Pilzen der Röhrling-Familie zu verwechseln.

Netzstieliger Hexenröhrling   *Boletus luridus*   15 cm

Der Hut dieser Pilzart ist etwa 12 cm breit, seine Oberfläche gelb- oder hellbraun, jung zart samtig, später glatt. Die Poren sind orangebraun, bei Verletzung bläuend. Das Fleisch ist weißlich mit schwach gelber Tönung und läuft an den Schnittstellen langsam ebenfalls blau an. Der recht variable Stiel kann dick und bauchig oder länglich gestreckt sein. Die gelblich braune Grundfarbe wird, an der Basis deutlicher zu erkennen, von einem rotmaschigen Netz überzogen. Vorkommen in Kontinentaleuropa, ziemlich häufig, in Laubwäldern, besonders unter Buchen, von August bis Oktober. ▲▲ **Giftig!**

Schmarotzerröhrling *Xerocomus (Boletus) parasiticus* 10 cm

Ein interessanter parasitärer Pilz, der auf dem Dickschaligen Kartoffelbovist (*Scleroderma citrinum*), wächst. Der etwa 3 cm breite, strohfarbene bis intensiv braune Hut ist anfangs fast kugelig, später ausgebreitet. Die Poren sind gelblich und werden mit zunehmendem Alter orangebraun. Das Fleisch ist gelblich und verfärbt sich nicht beim Anschneiden. Der Stiel ist strohfarben und zylindrisch, an der Basis oft verjüngt und gebogen. Vorkommen in ganz Europa, abhängig von der Verbreitung des Wirtspilzes, in Laubwäldern sowie auf Heideflächen, von August bis Oktober.
▲ Ungenießbar.

Bunter Röhrling *Boletus versicolor* 8 cm

Der Hut dieser farbenfrohen attraktiven Pilzart wird etwa 5 cm breit. Seine Oberfläche ist gewöhnlich leuchtend rot mit mehligem Überzug. Die Poren sind blass zitronengelb und laufen bei Druck bläulich an. Das gelbliche Fleisch verfärbt sich nicht beim Anschneiden. Der Stiel ist zylindrisch, an der Basis oft verjüngt. Er ist gelblich gefärbt und zur Basis hin zunehmend rötlich getönt. Vorkommen in ganz Europa, aber nur lokal in Großbritannien, in Laubwäldern, besonders unter Eichen, von September bis November. ●▲ Essbar, aber nicht empfehlenswert.

Ziegenlippe *Xerocomus (Boletus) subtomentosus*
9 cm

Dieser recht schwer zu charakterisierende Pilz ähnelt vielen anderen Röhrenpilzarten. Sein Hut wird etwa 10 cm breit, ist gelboliv bis olivbraun, der Hutrand manchmal heller. Die Hutoberfläche ist jung deutlich filzig oder samtig bereift. Die Poren sind gelb und werden an Druckstellen dunkler. Das Fleisch ist im Hut weißlich, im Stiel eher cremig gelb. Der Stiel ist zylindrisch, an der Basis zumeist etwas verjüngt, lederfarben mit rötlich braunem Überzug. Vorkommen in ganz Europa, häufig, in Laubwäldern, von Juli bis Oktober.
●▲ Essbar, aber nicht empfehlenswert.

Bereifter Röhrling *Boletus pruinatus* 10 cm

Dieser Röhrenpilz bevorzugt alten Waldbestand. Sein Hut ist meist etwa 5–8 cm breit, anfangs halbkugelig gewölbt, mit zunehmendem Alter aber flacher. Seine Oberfläche ist hellbraun bis dunkel kastanienbraun, oft rötlich gerändert. Die Poren sind blass zitronengelb und können bei Druck leicht bläuen. Das Fleisch ist ebenfalls blass zitronengelb, der gelbliche Stiel zur Basis hin zunehmend rötlich überzogen. Vorkommen lokal in ganz Europa, hauptsächlich in Buchenwäldern, auch unter Eichen, von Juli bis November.
● Essbar, jedoch ziemlich selten; sollte daher geschont werden.

Pfefferröhrling *Boletus piperatus* 10 cm

Dieser Pilz ist wegen seines Aussehens und des pfeffrigen Geschmacks recht charakteristisch. Sein Hut wird etwa 5–10 cm breit, ist anfangs halbkugelig gewölbt, später flach ausgebreitet. Die Oberfläche ist matt orangebraun gefärbt, glatt und glänzend, bei Regen etwas klebrig. Die Poren sind orange bis rostbraun, das Fleisch ist blass, zur Basis hin zunehmend gelb. Der Stiel ist ähnlich dem Hut matt orangebraun, recht schlank und zylindrisch. Vorkommen lokal in Europa, meist in Nadelwäldern unter Kiefern und Fichten, von Juli bis Oktober. ● Essbar, vor allem als Gewürzpilz.

Butterpilz *Suillus luteus* 12 cm

Der kastanienbraune Hut ist etwa 8 cm breit und feucht mit einer Schleimschicht bedeckt. Die Poren und Röhren sind schmutzig gelb und ziemlich klein. Das Fleisch ist blass, fast weiß, zur Basis hin gräulich. Der Stiel ist an der Basis weißlich, zum oberen Ende hin zunehmend gelb. Im Übergangsbereich zwischen Hut und Stiel befindet sich ein Ring, der jung noch weiß, später zu einem braunvioletten Farbton, ähnlich dem Hut, nachdunkelt. Vorkommen in ganz Europa, häufig, meist in Nadelwäldern, von September bis November. ● Essbar nach Entfernen der Schleimschicht.

19

Kuhröhrling *Suillus bovinus* 10 cm

Der Hut dieser robusten Art ist anfangs halbkugelig rund, später abgeflacht gewölbt, 3–8 cm breit, blass zimtbraun mit hellerem Rand und klebrig, bei Nässe schmierig. Unregelmäßig große blassgraue bis zimtfarbene Poren mit kleineren Poren dazwischen, am Stiel leicht herablaufend. Das Fleisch ist gelblich, nach unten hin dunkler; angeschnitten wird es ocker- bis lachsfarben. Zimtfarbener symmetrischer Stiel, unten oft verjüngt. Vorkommen in ganz Europa, in Kiefernwäldern, von Juli bis November.
●▲ Essbar, aber nicht empfehlenswert.

Sandröhrling *Suillus variegatus* 12 cm

Eine recht große häufige Pilzart. Der etwa 6–15 cm breite Hut ist anfangs halbkugelig, mit zunehmendem Alter dann gewölbt oder ausgebreitet. Die Oberfläche ist grau- bis braungelb und stark filzig geschuppt, wie wenn mit Sand bestreut. Bei Nässe leicht klebrig. Die Poren sind braun und etwas dunkler als die Hutoberfläche. Das Fleisch ist blass, fast weiß, zur Stielbasis hin dunkler. Der kräftige Stiel ist gelblich braun gefärbt. Vorkommen in ganz Europa, in Nadelwäldern unter Kiefern, von August bis November.
● Essbar, aber nicht sehr schmackhaft.

Goldröhrling *Suillus grevillei* 10 cm

Der Hut dieser Art, die man auch als Goldgelben Lärchenröhrling kennt, wird bis zu 10 cm breit. Er ist jung stumpf kegelförmig, später mehr flach gewölbt. Seine Oberfläche ist meist goldgelb oder orangebraun, ältere Exemplare sind blasser. Die Poren sind gelb mit orangebraun anlaufenden Druckstellen. Das Fleisch ist blassgelb, wird jedoch zur Stielbasis hin intensiver gelb. Der Stiel besitzt einen weißlichen Ring; oberhalb der Basis ist er gelblich, darunter dunkler, eher bräunlich gefärbt. Vorkommen in ganz Europa, in Lärchenwäldern häufig, von August bis November. ● Essbar.

Gewöhnlicher Birkenpilz *Leccinum scabrum* 20 cm

Der Hut dieser recht charakteristischen Pilzart fühlt sich an, als sei er mit Watte gefüllt. Er wird 7–15 cm breit, ist tabakfarben und flach gewölbt, in jungen Jahren halbkugelig. Die Poren sind gebrochen weiß und laufen an Druckstellen dunkel an. Das Fleisch ist weiß; beigebrachte Schnittstellen verfärben sich jedoch nicht an der Luft. Der längliche Stiel ist weiß und mit dunkleren Schuppen besetzt. Vorkommen in Mittel- und Nordeuropa, häufig, unter Birken, von Ende Juli – November.
●● Essbar, empfehlenswert.

Birkenrotkappe *Leccinum versipelle* 25 cm

Der Hut dieser attraktiven Pilzart wird etwa 15 cm breit und ist auffällig orangebraun. Die Hutoberfläche fühlt sich filzig trocken und im Vergleich zu *L. scabrum* deutlich fester an. Die Huthaut hängt am Rand oft leicht über. Die Poren sind klein und gräulich. Das Fleisch ist weiß; angeschnitten wird es an der Luft zunächst rötlich, dann rasch bläulich grün – bis fast schwarz. Der Stiel ist weiß, mit bräunlich schwarzen Schuppen bedeckt und läuft bei Verletzung schwarz an. Vorkommen in ganz Europa, stets unter Birken, von Juli bis November. ● Essbar.

Verschiedenfarbiger Raustielröhrling *Leccinum variicolor* 10 cm

Diese Pilzart ist oft von hoher und schlanker Gestalt. Der graubraune Hut wird etwa 5–9 cm breit und ist häufig dunkel gefleckt. Die Hutoberfläche ist deutlich strukturiert, bei Nässe etwas klebrig. Die Poren sind weißlich und klein. Das Fleisch ebenfalls weißlich, im Hut rötlich gelb getönt. Der Stiel ist in der Regel länglich schlank. Er ist weiß und mit einen Netzwerk schwarzer Schüppchen überzogen. Recht weites Vorkommen, doch hauptsächlich lokal in Europa, stets unter Birken, von August bis Oktober. ●▲ Essbar, aber nicht besonders empfehlenswert.

Moorbirkenpilz *Leccinum holopus* 10 cm

Ein ungewöhnlicher, oftmals sehr blass erscheinender Röhrenpilz. Der Hut ist etwa 6 cm breit, schmutzig weiß bis lederfarben, mit zunehmendem Alter dunkler. Die Poren sind weißlich oder sehr blass lederfarben und laufen bei Druck dunkel an. Das weißliche Fleisch verfärbt sich normalerweise nicht an den Schnittstellen. Der Stiel ist ebenfalls weißlich und oftmals mit unterschiedlich vielen schmutzig braunen Schuppen besetzt. Vorkommen weniger häufig, doch in ganz Europa, in Torfmoos unter Birken, von Juli bis Oktober. ● Essbar, aber nicht empfehlenswert.

Strubbelkopfröhrling *Strobilomyces floccopus* 10 cm

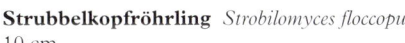

Der Hut dieser ungewöhnlich aussehenden Pilzart wird 5–10 cm breit, ist graubraun und mit struppigen Schuppen, am Rand mit weißen Velumresten bedeckt. Struktur und Farbe der Hutoberfläche erinnern an getrockneten Schlamm. Die Poren sind gräulich weiß. Das Fleisch ist weißlich und färbt sich bei Schnittstellen an der Luft rötlich. Der längliche und recht schlanke Stiel ist braun und mit großen struppigen Schuppen besetzt. Vorkommen in ganz Europa, selten in Laub- und Nadelwäldern, von August bis Oktober. ●▲ Essbar, aber nicht empfehlenswert, schmeckt bitter.

Kahler Krempling *Paxillus involutus* 10 cm

Obwohl diese mittelgroße Pilzart Lamellen besitzt, ist sie doch mit den Röhrenpilzen verwandt. Der Hut wird bis zu 9 cm breit, ist filzig und gelblich, ocker-, rot- oder olivbraun gefärbt. Lange Zeit hat er einen eingerollten Rand, wird dann flach trichterförmig und zeigt die herablaufenden ockerfarbenen Lamellen. Diese können mit dem Fingernagel leicht vom Stiel gelöst werden. Das Fleisch und der kurze Stiel sind ähnlich wie der Hut gefärbt. Vorkommen in West- und Miteleuropa, in Wäldern aller Art, bevorzugt unter Birken, von September bis November. ▲▲ **Giftig!**

Falscher Pfifferling *Hygrophoropsis aurantiaca*
7 cm

Dieser farbenfrohe kleine Pilz ähnelt im Aussehen vielen *Clitocybe*-Arten (Trichterlingen), wird aber neuerdings einer anderen Gattung zugeordnet. Der Hut wird bis zu 5 cm breit, ist dunkelorange und meist ungleichmäßig trichterförmig. Die Lamellen sind orange, gedrängt und stark herablaufend. Fleisch und Stiel gleichen farblich dem Hut und den Lamellen. Ähnelt stark dem beliebten echten Pfifferling, ist aber nicht mit ihm verwandt. Vorkommen in ganz Europa, häufig, in Nadelwäldern oft unter Kiefern, von September bis November.
● Essbar, aber nicht sehr schmackhaft.

Kupferroter Gelbfuß *Gomphidius rutilus* 15 cm

Dieser attraktive Pilz wird oftmals wesentlich kleiner als seine maximal erreichbare Höhe. Der unterschiedlich braun gefärbte Hut ist anfangs kugelig gewölbt, breitet sich aber bald flach, beinahe trichterförmig aus. In der Mitte ist er dann meist spitz gebuckelt und am Rand leicht eingerollt. Seine Lamellen sind bräunlich, nicht gedrängt und herablaufend. Der Stiel ist gelblich braun gefärbt und im Gegensatz zum Hut deutlich blasser, wird zur Basis hin jedoch dunkler. Vorkommen in weiten Teilen von West- und Mitteleuropa, häufig, in Nadelwäldern, von Juli bis November.
▲ Ungenießbar.

Gelbfleckender Täubling *Russula luteolacta* 9 cm

Der Hut dieses schönen und recht lokalen Pilzes ist anfangs weitgehend gewölbt, wird später jedoch flacher oder sogar trichterförmig, manchmal mit einer flachen Mitte. Die Hutfarbe ist dunkel rosa- bis purpurfarben, kann bei einigen Exemplaren aber auch blasser sein. Die Lamellen sind cremig weiß. Das Fleisch, aber auch der Stiel sind weiß, manchmal mit einem blass rosa Überzug an der Stielbasis. Druckstellen verfärben sich gelblich. Vorkommen in ganz Europa, weniger häufig, in Laubwäldern auf Lehmböden, unter Weißbuchen und Esskastanien. ▲▲ **Giftig!**

Purpurschwarzer Täubling *Russula atropurpurea*
9 cm

Dieser häufige, aber recht unauffällige Pilz wird im Wald oft übersehen. Der Hut ist bis zu 7 cm breit und in der Mitte dunkel, fast schwarz. Zum Hutrand hin rötlich oder purpurn gefärbt. Die Lamellen sind blass cremefarben, angewachsen und stehen dicht gedrängt. Fleisch sowie Stiel sind weiß gefärbt, duften nach Äpfeln und schmecken meist recht scharf. Vorkommen in ganz Europa, unter guten Bedingungen sehr häufig, hauptsächlich unter Eichen oder Buchen, von September bis November.
▲ Ungenießbar.

Zitronenblättriger Täubling *Russula sardonia* 8 cm

Dieser Pilz ist mittelgroß und recht verschiedenfarbig. Der Hut wird bis zu 7 cm breit, ist jung noch gewölbt, wird später flacher. Die Hutfarbe kann rötlich bis purpurn, manchmal auch bräunlich sein. Die Lamellen sind angewachsen und anfangs zartrosa oder hellgelb, werden später rosafarben bis buttergelb. Das Fleisch ist dick, weiß, der Geruch fruchtig; manche Exemplare duften nach gedünsteten Äpfeln. Der zylindrische Stiel ist kräftig, weiß und meist rotviolett überlaufen. Vorkommen in ganz Europa, häufig fast ausschließlich unter Kiefern, von August bis Oktober. ▲▲ **Giftig!**

Buckeltäubling *Russula caerulea* 9 cm

Ein schöner, makellos aussehender Pilz. Der Hut wird bis zu 5 cm breit, ist in jungen Jahren halbkugelig oder kegelförmig, wird dann aber flacher mit einem leichten typischen Buckel. Die Hutoberfläche ist dunkel rötlich bis purpurn gefärbt. Die Lamellen sind cremig weiß und stehen anfangs dicht zusammen, später ziemlich weit auseinander. Das Fleisch und der Stiel sind gänzlich weiß. Der Stiel ist zur Basis hin verdickt und auch dort ohne einen Anflug von Farbe. Vorkommen in Europa, lokal häufig, unter Kiefern, von August bis Oktober. ▲ Ungenießbar.

Kirschroter Speitäubling *Russula emetica* 10 cm

Dieser attraktive Pilz ist leuchtend gefärbt und oft wesentlich kleiner als die maximal erreichbare Höhe. Der Hut ist anfangs halbkugelig gewölbt, breitet sich später flach aus, die Mitte ist manchmal etwas eingedrückt. Er ist leuchtend rot und bei Nässe glänzend sowie klebrig. Die Lamellen sind cremig weiß und gedrängt. Das Fleisch ist weiß, unmittelbar unter der Huthaut leicht rosafarben und von fruchtigem Geruch. Der Stiel ist rein weiß und meist zur Basis hin leicht verdickt. Vorkommen in ganz Europa, unter Kiefern, von Juli bis November. ▲▲ **Giftig!**

Buchen-Speitäubling *Russula mairei* 7 cm

Auch dieser Pilz ist sehr farbenfroh und ähnelt oberflächlich betrachtet dem Speitäubling, besiedelt aber einen anderen Standort. Der leuchtend rote Hut wird bis zu 4 cm breit. Anfangs ist er halbkugelig rund, breitet sich dann mit zunehmendem Alter flach aus, oft mit einer eingedrückten Mitte. Die Lamellen sind angewachsen und ebenso wie das Fleisch weiß. Geruch nach Kokos. Der Stiel ist ebenfalls weiß, mittellang bis lang, nach oben hin sich verjüngend. Vorkommen in ganz Europa, fast ausschließlich unter Buchen, von September bis Oktober. ▲▲ **Giftig!**

Ockertäubling *Russula ochroleuca*
9 cm

Dies ist einer der häufigsten Pilze in den Laubwäldern des Flachlandes. Der ockergelbe Hut wird etwa 7 cm breit, ist jung halbkugelig, breitet sich mit der Zeit flach aus. Die Lamellen sind blass cremefarben und angewachsen. Das Fleisch ist weiß und von mittlerer Dicke. Der Stiel ist ebenfalls weiß, mit zunehmendem Alter gräulich. Die deutlich gelbe Färbung macht den Pilz, ein-, zweimal gesehen, immer wieder leicht auffindbar. Vorkommen in ganz Europa, unter verschiedensten Bäumen, zumeist in Laub-, aber auch in Nadelwäldern, von Juli bis Oktober. ▲ Ungenießbar.

Violetter Reiftäubling *Russula azurea* 8 cm

Dieser ansehnliche Pilz ist sehr lokal. Der Hut wird bis zu 6 cm breit, ist anfangs halbkugelig gewölbt, wird später flacher mit einer manchmal eingedrückten Mitte. Die Lamellen sind weiß und recht dicht gedrängt, das Fleisch ist wässrig und weiß. Der ebenfalls weiße Stiel ist leicht strukturiert und zur Basis hin verdickt. Vorkommen auf dem europäischen Festland, in älteren Schonungen und naturbelassenen Wäldern, hauptsächlich unter Fichten, von September bis November.
●▲ Essbar, aber kaum empfehlenswert.

Frauentäubling *Russula cyanoxantha* 9 cm

Der mittelgroße Pilz wirkt oft recht schmutzig. Der Hut wird etwa 7 cm breit, ist matt lilafarben mit beinahe schwarzen Flecken. Die Lamellen sind weiß, angewachsen, dicht gedrängt, manchmal gegabelt. Wenn man mit den Fingern über die Lamellen streicht, fühlen sie sich (für diesen Pilz typisch) klebrig und elastisch an. Das Fleisch sowie der feste Stiel sind weiß und mitteldick. Der Stiel ist gelegentlich leicht mit einer der Hutoberfläche gleichenden Farbe überzogen. Vorkommen in ganz Europa, häufig, in Laubwäldern, von Juli bis November.
●● Essbar, empfehlenswert.

Blaublättriger Weißtäubling *Russula delica* 10 cm

Dieser ansehnliche Täubling ist ausgesprochen blass gefärbt. Der Hut wird etwa 10 cm breit, ist beim jungen Pilz noch halbkugelig gewölbt, breitet sich mit zunehmendem Alter jedoch flach aus. Die Hutoberfläche ist weißlich, manchmal unregelmäßig mit dunkleren Flecken überzogen. Die Lamellen sind weiß wie auch das Fleisch, das bitter und recht scharf schmeckt. Der Stiel ist ebenfalls weiß und recht robust. Vorkommen in Nord- und Westeuropa, häufig, in Nadel- und Laubwäldern, von August bis Oktober.
● Essbar nach dem Abkochen.

Dickblättriger Schwarztäubling *Russula nigricans* 11 cm

Dieser große, gedrungene Pilz ist sehr brüchig. Der Hut ist 10 cm breit, jung noch weißlich, dunkelt später nach. Die ungleich langen Lamellen sind weiß, stehen weit auseinander, sind teils angewachsen, teils nur halblang. Der kurze Stiel ist weißlich. Das Fleisch ist weiß, hart, schmeckt scharf und läuft angeschnitten gräulich rosa, dann dunkel an. Der Pilz wird mit der Zeit schwarz und zersetzt sich dabei derart langsam, dass oft noch vollständig schwarz gefärbte Exemplare stehen. Vorkommen in ganz Europa, in Wäldern, von Juli bis November. ●▲ Essbar, aber nicht empfehlenswert.

Graugefleckter Milchling *Lactarius vietus* 10 cm

Der Hut dieser sehr variabel aussehenden Pilzart wird bis zu 7 cm breit. Er ist anfangs gewölbt, dann flacher, breitet sich später aus und wird fast trichterförmig. Die Oberfläche ist gräulich lilafarben, bei Nässe leicht klebrig. Die Lamellen sind gräulich lederfarben und etwas herablaufend. Der Stiel ist ähnlich wie der Hut gefärbt, nur etwas blasser. Das Fleisch ist blass lederfarben und sondert eine scharf schmeckende weiße Milch ab, die schnell grau wird. Vorkommen in ganz Europa, häufig, in Laubwäldern, besonders unter Birken, von September bis November. ▲ Ungenießbar.

Olivbrauner Milchling *Lactarius turpis* 12 cm

Dieser Milchling sieht stark verschmutzt aus. Sein Hut wird bis zu 15 cm breit, ist dunkel olivbraun bis dunkelgrau, dick und bildet mit zunehmendem Alter in der Hutmitte eine Vertiefung. Die Lamellen sind cremefarben und herablaufend. Das Fleisch ist weiß, läuft nach dem Anschneiden aber braun an. Seine Milch ist weiß und schmeckt scharf. Der Stiel ist blasser als die Hutoberfläche gefärbt. Er ist kurz und gedrungen, sodass der Hut fast auf dem Boden liegt. Vorkommen in ganz Europa, häufig, hauptsächlich unter Birken, von Juli bis November. ▲ Ungenießbar.

31

Birkenmilchling *Lactarius torminosus* 8 cm

Mittelgroßer Pilz von besonderer Beschaffenheit. Sein Hut wird bis zu 12 cm breit, ist orangefarben, mit dunkleren konzentrischen Ringen gezont und mit orangeroten zottigen Fransen bedeckt. Lamellen weiß, gedrängt und etwas herablaufend. Das Fleisch ist ziemlich dick und produziert eine weiße, scharf schmeckende Milch. Stiel kurz bis mittelhoch, kräftig, blass fleischfarben und glatt. Vorkommen in ganz Europa, recht häufig, meist unter Birken, von August bis Oktober. ▲▲ **Giftig!**

Edelreizker *Lactarius deliciosus* 8 cm

Der Hut dieser schönen Pilzart wird etwa 12 cm breit. Seine Oberfläche ist mit orangefarbenen, zart grünlich angehauchten Ringen gezont. Die Lamellen sind herablaufend, blassrosa und werden mit zunehmendem Alter oder bei Verletzung grün. Frisch angeschnitten ist das Fleisch blass gelblich. Die Milch ist karottenfarben, schmeckt mild oder nur sehr schwach bitter. Der Stiel ist kurz, gedrungen, gräulich lederfarben, meist mit orangefarbenen, grubigen Flecken. Vorkommen in West- und Mitteleuropa, in Wäldern, meist unter Kiefern, von Juli bis Oktober. ● Essbar.

Graugrüner Milchling *Lactarius blennius* 8 cm

Ein ganz besonderer, aber unansehnlicher Pilz. Der Hut wird bis zu 8 cm breit. Die schleimige Oberfläche kann unterschiedlich braun oder grünlich grau gefärbt sein, oft mit dunkleren konzentrischen Flecken. Anfangs abgerundet, wird er später trichterförmig. Die Lamellen sind leicht herablaufend, weiß, werden aber allmählich grau. Das Fleisch ist weißlich. Die weiße Milch wird an den Lamellen grau und ist beißend scharf. Der Stiel ist kurz, gedrungen und gräulich cremefarben. Vorkommen in ganz Europa, häufig, unter Eichen oder Buchen, von September bis Oktober. ▲ Ungenießbar.

Schlanker Pfeffermilchling *Lactarius piperatus* 10 cm

Die Milch dieses Pilzes besitzt einen charakteristischen pfeffrigen Geschmack. Sein Hut wird bis zu 10 cm breit, ist anfangs gewölbt, dann flacher, breitet sich aus und bildet eine eingedrückte Mitte sowie einen eingerollten Rand. Die Oberfläche ist cremig weiß, manchmal mit kleinen Schuppen besetzt. Die Lamellen sind gelblich, sehr dicht gedrängt und herablaufend. Der Stiel ist weiß und zur Basis hin verjüngt. Das Fleisch wie auch die Milch sind weiß. Vorkommen in ganz Europa, häufig, in Laubwäldern, von August bis November. ●▲ Essbar, aber nicht empfehlenswert.

Später Milchling *Lactarius hepaticus* 7 cm

Dieser Pilz wird leicht übersehen. Sein Hut wird bis zu 5 cm breit und ist meist nach außen gewölbt, kann aber auch abgeflacht und knopfähnlich sein. Die Oberfläche ist matt orangerosa oder orangebraun, trocken und glatt. Die Lamellen sind leicht herablaufend und orangebraun. Das Fleisch ist bräunlich oder gebrochen weiß, wird zur Stielbasis hin dunkler. Die Milch ist weiß. Der Stiel ist wie der Hut gefärbt, lang und relativ schlank. Vorkommen in West- und Zentraleuropa, unter Kiefern, von September bis Dezember.
▲ Ungenießbar.

Moosmilchling *Lactarius tabidus* 6 cm

Der Hut dieser kleinen und recht schönen Pilzart wird etwa 3,5 cm breit, ist orange bis gelbbraun, flach bis nach außen gewöbt, meist mit einem Pickel in der Mitte. Die Lamellen sind gelber als die Hutoberfläche und wenig herablaufend. Das Fleisch ist weißlich und ausgesprochen dünn. Die Milch schmeckt nur wenig scharf, ist weiß, wird auf einem Taschentuch schnell gelb, nicht jedoch an den Lamellen. Der Stiel ist relativ hoch und ähnlich wie die Hutoberfläche gefärbt. Vorkommen nahezu in ganz Europa, unter Laubbäumen, besonders unter Birken, von August bis November.
▲ Ungenießbar.

Rotbrauner Milchling *Lactarius rufus* 8 cm

Der Hut dieser häufigen Art wird bis zu 6 cm breit und ist jung abgeflacht mit leicht eingerolltem Rand. Er breitet sich bald weiter aus, wobei die Mitte eingedrückt wird und ein kleiner spitzer Buckel entsteht. Die Oberfläche ist ziegelrot bis rotbraun. Die Lamellen sind leicht herablaufend, braungelb und blasser als die Hutoberfläche. Das Fleisch sowie die Milch sind weiß, zunächst mild schmeckend mit brennendem Nachgeschmack. Der Stiel ist orangebraun, zur Basis hin blasser. Vorkommen in ganz Europa, in Nadelwäldern, von September bis November. ▲ Ungenießbar.

Kirschroter Saftling *Hygrocybe coccinea* 6 cm

Ein auffallend rot gefärbter Pilz. Der Hut wird bis zu 5 cm breit, ist anfangs kegelförmig oder abgerundet und breitet sich mit zunehmendem Alter unregelmäßig, fast glockenförmig aus. Er kann jung leicht klebrig sein. Die weit auseinander stehenden Lamellen sind leuchtend rot mit einem blaßgelben Rand. Der Stiel hat dieselbe Farbe wie die Hutoberfläche, wird zur Basis hin jedoch blasser. Auch das Fleisch ist rötlich. Vorkommen in Nord- und Westeuropa, auf grasigen Stellen wie Waldwegen und Waldwiesen, von September bis November, selten. ▲ Ungenießbar.

Kegeliger Saftling *Hygrocybe conica* 7 cm

Der Hut dieses wächsern aussehenden Pilzes wird in etwa 3 cm breit, ist deutlich kegelförmig und öffnet sich selten vollständig. Anfangs ist er noch gelb, orange oder auch rot, wird aber bald unregelmäßig schwarz. Die Lamellen werden vom Hut zunächst noch verborgen; sie sind weißlich und gebuchtet. Der Stiel ist lang und rot, während das Fleisch gelblich weiß gefärbt ist. Gelegentlich wird der gesamte Pilz völlig schwarz, ohne dabei vorher seinen Hut zu verlieren. Vorkommen in ganz Europa, auf grasbewachsenen Plätzen, von Juli bis Oktober. ▲▲ **Giftig!**

Schwärzender Saftling *Hygrocybe nigrescens* 6 cm

Als junger Pilz eine kleine, sehr ansehnliche Art, die sich aber rasch entfärbt. Der Hut wird 4 cm breit, ist jung kegelförmig, breitet sich später aus und reißt dabei manchmal den unregelmäßig gelappten Hutrand ein. Die Hutoberfläche ist dunkelorange bis scharlachrot und wird schwarz. Die Lamellen liegen weit auseinander und sind anfangs, wie auch der Stiel, gelblich. Das gelbe glasige Fleisch läuft schnell schwarz an. Vorkommen in ganz Europa, auf Weideland, von August bis Oktober. Wird neuerdings mit *H. conica* zu einer Art zusammengefasst. ▲▲ **Giftig!**

Scharlachroter Saftling *Hygrocybe punicea* 7 cm

Eine sehr schöne, farbenfrohe Art. Der Hut wird durchschnittlich 5 cm breit, ist rundlich kegelförmig und jung leuchtend blutrot gefärbt. Die Farbe geht bei Regen oder Frost rasch verloren, sodass die Hutoberfläche mit einem weißen Schimmer überzogen scheint. Die Lamellen sind blassgelb, rötlich an der Basis und angewachsen. Der Stiel ist gelblich rot und wird zur Basis hin weißlich. Das angeschnittene Fleisch ist weiß. Vorkommen in ganz Europa, selten, deshalb schonenswert, auf grasigen Flächen, von August bis Oktober. ●▲ Essbar, aber nicht empfehlenswert.

Breiter Saftling *Hygrocybe langei* 7 cm

Der Hut dieser recht seltenen Pilzart wird durchschnittlich 5 cm breit, ist in jungen Jahren gerundet kegelförmig, breitet sich jedoch mit zunehmendem Alter flach aus, mit einem kleinen Buckel in der Mitte. Die Hutoberfläche ist glasig gelb bis orangefarben und fühlt sich deutlich wachsartig an. Die Lamellen sind blasser als der Hut. Der Stiel besitzt dieselbe Farbe wie der Hut und wird nur zur Basis hin heller. Das Fleisch ist gelb, Geruch schwach. Vorkommen in Nordwesteuropa, überall ziemlich selten, auf grasigen Flächen, von Juli bis September. ▲ Ungenießbar.

Papageigrüner Saftling *Hygrocybe psittacina* 5 cm

Ein recht kleiner, aber sehr häufiger Pilz. Sein Hut wird etwa 3 cm breit, ist cremig gelb gefärbt und typischerweise mit einer sehr beständigen grünen Schleimschicht bedeckt. Die Lamellen sind angewachsen und weiß, erscheinen jedoch wegen des schleimigen Überzuges eher grünlich. Das Fleisch ist weißlich, der Stiel eher gelblich, schimmert aber aufgrund der Schleimschicht ebenfalls grünlich. Vorkommen in ganz Europa, auf Grasflächen wie Rasen, Wiesen und Weiden, von September bis November.
●▲ Essbar, aber nicht sehr empfehlenswert.

Frostschneckling *Hygrophorus hypothejus* 8 cm

Das späte Erscheinen im Jahr verhalf dem Pilz zu seinem Namen und macht ihn insofern interessant, als es in dieser Zeit kaum mehr andere Pilze gibt. Der Hut wird etwa 3,5 cm breit, ist dunkel gräulich braun, mit olivbräunlichem Schleim überzogen, der ihn eingetrocknet oder abgewaschen oft auch gelblich orange erscheinen lässt. Er ist anfangs gewölbt mit eingerolltem Rand, wird später flacher. Die weit auseinander stehenden Lamellen sind leuchtend orange. Der Stiel ist lang, gelblich weiß, unter dem Ring schleimig orange überzogen, darüber trocken. Vorkommen in ganz Europa, häufig, in Nadelwäldern, von November bis Februar. ● Essbar.

Austernseitling *Pleurotus ostreatus* Breite 12 cm

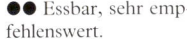

Dieser dachziegelartig übereinander angeordnet stehende Pilz ist gummiartig und ähnelt Austern. Der Hut ist bis zu 1 cm dick. Anfangs dunkelgrau, wird er bald heller oder ist von Beginn an hell lederfarben. Die weit auseinander stehenden Lamellen sowie das Fleisch sind weißlich und reichen bis fast zur Basis des sehr kurzen und filzigen seitlichen Stiels. Die Sporen sind blass lilafarben. Vorkommen in ganz Europa, lokal häufig, auf lebenden oder toten Laubbäumen, speziell Buchen, von Juli bis November.
●● Essbar, sehr empfehlenswert.

Rillstieliger Seitling *Pleurotus cornucopiae* Breite 10 cm

Dieser Pilz wächst in dichten, konsolenartig angeordneten Haufen. Sein Hut ist bis zu 2 cm dick und weitgehend rundlich, der Hutrand jedoch oft eingerissen oder gespalten. Er ist blass leder- oder lohfarben. Die Lamellen haben dieselbe Farbe wie der Hut, stehen weit auseinander und laufen oft bis zur Stielbasis hinab. Der Stiel wird bis zu 4 cm lang und ist meist gebogen. Das Fleisch ist weiß und riecht leicht nach Ammoniak. Vorkommen in ganz Europa, selten an einem Standort häufiger, in Wäldern auf Baumstümpfen, von Juni bis September.
● Essbar.

Laubholzknäueling *Panus torulosus* Breite 7 cm

Der Hut dieses robusten Pilzes kann bis zu 2 cm dick werden. Gewöhnlich ist er unregelmäßig rund, der Rand leicht eingerollt und die Mitte deutlich eingedrückt. Die Hutoberfläche ist orange lederfarben, bei älteren Exemplaren rissig und schuppig. Die Lamellen sind weit herablaufend und bräunlich rosafarben. Der gedrungene Stiel ist bis zu 2 cm lang und zur Basis hin verjüngt. Er hat dieselbe Farbe wie der Hut. Vorkommen in ganz Europa, in Laubwäldern auf Baumstümpfen und an absterbendem oder totem Holz, von August bis Oktober. ▲ Ungenießbar.

Fuchsiger Trichterling *Clitocybe flaccida* 10 cm

Dieser Pilz trägt seinen Namen zu Recht, ist er doch wie ein Fuchs rötlich braun gefärbt und trichterförmig. Der Hut wird durchschnittlich 8 cm breit, ist jung leicht kugelig, breitet sich rasch aus und wird trichterförmig mit einem Buckel in der Mitte. Der Hutrand ist eingerollt und gelegentlich gespalten. Die Hutoberfläche ist orangebraun und ledrig. Die Lamellen sind heller gefärbt als der Hut und herablaufend. Der Stiel ist lederfarben, an der Basis verdickt, das Fleisch ist ähnlich gefärbt. Vorkommen in ganz Europa, häufig, in Wäldern aller Art, von August bis November.
●▲ Essbar, aber nicht besonders empfehlenswert.

Nebelkappe *Clitocybe nebularis (Lepista nebularis)* 12 cm

Diese Art ist recht häufig und tritt oft in großen „Hexenringen" auf. Der Hut ist sehr variabel, durchschnittlich 10 cm breit, grau und dick. Anfangs gewölbt, breitet er sich dann flacher aus. Die Lamellen sind cremefarben und herablaufend, das Fleisch ist weiß. Der Stiel ist unterschiedlich lang, kräftig und wird zur Basis hin breiter. Der ganze Pilz riecht angenehm süßlich. Vorkommen in ganz Europa, sehr häufig, überwiegend in Laubwäldern, von September bis November. ●▲ Essbar als junger Pilz und abgekocht; verursacht jedoch manchmal Magenbeschwerden und sollte daher gemieden werden.

Mönchskopf *Clitocybe geotropa* 20 cm

Das Aussehen dieser Trichterlingsart ändert sich während des Wachstums erheblich. Ausgewachsen ist der Hut etwa 17 cm breit. Anfangs knopfartig, leicht gewölbt mit stark herausragendem Buckel, breitet er sich später flach aus und wird trichterförmig unter Beibehalten des Buckels. Die Hutoberfläche ist lederfarben braungelb. Die Lamellen sind herablaufend und blasser als der Hut. Der lederbraune Stiel ist recht lang, derb, mit verdickter filziger Basis. Das Fleisch ist weiß und riecht nach Heu. Vorkommen in Nordwesteuropa, häufig, auf grasigen Waldflächen, von September bis November. ● Essbar.

Grüner Anis-Trichterling *Clitocybe odora* 7 cm

Diesen überaus attraktiven Trichterling erkennt man nicht nur an seinem ungewöhnlichen Aussehen, sondern auch an seinem typischen Anisgeruch. Der Hut wird etwa 6 cm breit, ist jung rundlich gewölbt, wird später flacher, manchmal sogar trichterförmig, mit einem kleinen Buckel in der Mitte. Die Hutfarbe ist matt grünlich grau. Die Lamellen sind blass grünlich weiß und herablaufend. Auch der Stiel ist grünlich weiß gefärbt und schmeckt streng nach Anis. Vorkommen in Nordwesteuropa, häufig, vorzugsweise in Nadelwäldern in der Nadelstreu von Fichten und Tannen, von August bis November. ●● Essbar, empfehlenswert.

Langstieliger Dufttrichterling *Clitocybe fragrans* 7 cm

Der Hut dieses schlanken und recht zierlichen Waldpilzes wird etwa 3 cm breit, ist anfangs leicht knopfähnlich gewölbt und breitet sich später flach mit einer leicht eingedrückten Mitte aus. Er ist fahl gelbbraun mit dunklerer Mitte und fein gestreiftem Rand. Die Lamellen sind blass und angewachsen. Der Stiel ist schlank, eher unregelmäßig als gerade und ähnlich wie der Hut gefärbt. Das Fleisch riecht nach Anis. Vorkommen in ganz Nordwesteuropa, doch selten zahlreich, in Laubwäldern, von August bis November.

●▲ Eingeschränkt essbar; enthält das giftige Alkaloid Muscarin und sollte daher gemieden werden.

Der Hallimasch ist ein häufiger parasitärer Pilz, bei Förstern wegen der durch ihn angerichteten Holzschäden unbeliebt. Der Hut wird etwa 9 cm breit und ist halbrund bis flach kegelförmig. Oft ist er honigbraun und leicht geschuppt. Die Lamellen sind weißlich gelb und herablaufend. Der Stiel ist ähnlich wie der Hut gefärbt und besitzt einen Ring; das Fleisch ist weiß. Er wächst büschelartig; oft mit weißer Sporenschicht auf den kleineren Hüten. Vorkommen in ganz Europa, auf Baumstümpfen, von August bis November.

● Pilze, die auf Nadelholz wachsen, sind abgekocht essbar.

Armillaria polymyces 15 cm

Dieser Pilz ist eng mit dem Hallimasch verwandt, sieht ihm sehr ähnlich und wird auch oft mit diesem verwechselt. Der Hut wird etwa 8 cm breit, ist kegelförmig rund bis deutlich abgeflacht. Die Hutoberfläche ist blass rötlich braun mit dunkelbraunen Schüppchen, die ein dunkles Zentrum ausbilden. Die Lamellen sind weißlich gelb und herablaufend. Der Stiel ist ähnlich wie der Hut gefärbt, besitzt einen Ring und ist dunkel gemasert. Vorkommen in ganz Europa, selten zu mehreren (wird daher oft übersehen), auf Baumstümpfen und lebenden Bäumen, von September bis November.

▲ Ungenießbar.

Lilastieliger Rötelritterling *Lepista saeva* 8 cm

Der Hut wird durchschnittlich 8 cm breit und ist blass graubraun. Anfangs gewölbt, breitet sich bald flach aus; oft auch sehr unregelmäßig, wenn er eng stehend und gehäuft auftritt. Die Lamellen haben dieselbe Farbe wie der Hut und sind herablaufend. Der Stiel ist lilafarben und zylindrisch keulig. Das Fleisch sowie der ganze Pilz duften intensiv und angenehm, was ihn sehr deutlich von anderen Ritterlingarten unterscheidet. Vorkommen in ganz Europa, häufig, auf Grasflächen, von September bis November.
●● Essbar, vielfach als sehr schmackhaft angesehen.

Violetter Rötelritterling *Lepista nuda* 10 cm

Diese hübsche Art ist als junger Pilz in der Regel sehr schön bläulich lilafarben überzogen. Der Hut wird etwa 8 cm breit, ist kegelförmig rund, breitet sich jedoch bald aus; die violettfarbene Hutoberfläche bleicht zu einem lederfarbenen Farbton aus. Die Lamellen sind jung kräftig lilafarben, werden mit der Zeit jedoch heller. Der Stiel ist lilafarben gemasert und zur Basis hin verdickt. Vorkommen in ganz Europa, häufig, überall und bevorzugt unter Laubbäumen anzutreffen, ziemlich spät von September bis Dezember.
●▲ Gekocht essbar, kann jedoch Magenbeschwerden verursachen.

Rötlicher Lacktrichterling *Laccaria laccata* 8 cm

Diese Trichterlingsart zeigt ein sehr variables Erscheinungsbild, was häufig zur Falschbestimmung führt. Der Hut wird etwa 3,5 cm breit, ist grundsätzlich gelbbraun gefärbt, dabei aber extrem variabel in Farbe und Form. Die Lamellen sind charakteristisch fleischfarben, weit auseinander stehend und herablaufend. Der Stiel ist verhältnismäßig lang, faserig, verdreht und wie der Hut gefärbt. Vorkommen in ganz Europa, in Laub- und Nadelwäldern an feuchten Stellen, aber auch auf kultivierten Rasenflächen, von Juli bis November. ● Essbar, am besten als Mischpilz.

Violetter Lacktrichterling *Laccaria amethystea* 10 cm

Auch dieser Pilz hat ein sehr variables Erscheinungsbild. Der Hut wird etwa 3,5 cm breit, ist anfangs gewölbt, wird aber später meist sehr unregelmäßig breit und flacher. Die Hutoberfläche ist dunkel purpurfarben, bei Nässe etwas blasser. Die Lamellen sind purpurn und ausgereift oft mit weißen Sporen bestäubt. Der unregelmäßig geformte Stiel besitzt dieselbe Farbe wie der Hut, mit feinen Härchen an der Basis. Vorkommen in ganz Europa, häufig, meist in Laubwäldern, vor allem unter Birken, von Juli bis November. ● Essbar.

45

Rötlicher Holzritterling *Tricholomopsis rutilans*
10 cm

Der Hut dieses Pilzes ist sehr ungewöhnlich gefärbt. Er wird etwa 7 cm breit und ist in der Grundfarbe gelb, wird jedoch fast vollständig mit rotbraunen filzigen Schüppchen überzogen. Seine Lamellen sind angewachsen und leuchtend eigelbfarben. Das Fleisch ist cremefarben und schmeckt mild bis wässrig. Der Stiel ist filzig, etwas heller als der Hut und seiner Länge nach insgesamt einheitlich dick. Vorkommen in ganz Europa, lokal häufig, in Nadelwäldern besonders unter Kiefern, von Juli bis September. ● Junge Exemplare abgekocht essbar.

Schwarzfaseriger Ritterling *Tricholoma portentosum* 10 cm

Dieser robuste Waldpilz wird oft übersehen und ist nur für erfahrene Pilzsammler eindeutig zu bestimmen. Der Hut wird durchschnittlich 7 cm breit, ist anfangs gerundet, breitet sich dann aber flach kegelförmig aus. Die Hutoberfläche ist graubraun gefärbt und oft dunkel gefleckt. Die Lamellen sind gebrochen weiß, das Fleisch ist weiß und schmeckt mehlig. Der Stiel ist weißlich und meist recht unregelmäßig geformt. Vorkommen in ganz Europa, aber nur vereinzelt häufig, in Laub- und Nadelwäldern besonders unter Kiefern, von August bis Oktober. ●● Essbar, sehr schmackhaft.

Seifenritterling   *Tricholoma saponaceum*   12 cm

Das weißliche Fleisch dieses ungleichmäßig geformten Pilzes riecht unangenehm seifig und wird später rötlich. Der Hut wird bis zu 7 cm breit, ist in der Frühform rundlich gewölbt, wird dann breiter, flacher und ist meist ziemlich deformiert. Die Färbung der Hutoberfläche reicht von grau bis dunkel graubraun und fast schwarz. Die Lamellen sind blaßgelb, gewellt und stehen weit auseinander. Der Stiel ist weißlich, manchmal direkt am Hut rosafarben getönt und in der Regel stämmig. Vorkommen in ganz Europa, in Laub- und Nadelwäldern meist in Gruppen, von August bis November. ▲▲ **Giftig!**

Gelbblättriger Ritterling   *Tricholoma fulvum*   8 cm

Ein unangenehm riechender Waldpilz, der leicht an seinen gelben Lamellen zu erkennen ist. Der schleimige Hut wird durchschnittlich 7 cm breit und ist gelbbraun; meist mit einer etwas dunkleren Maserung entlang dem Hutrand. Die angewachsenen Lamellen sind gelb und bilden mit zunehmendem Alter braune Flecken. Das Fleisch ist im Hut weiß, im Stiel gelb. Der Stiel ist länglich und ähnlich wie die Hutoberfläche gefärbt, jedoch nach oben hin heller werdend. Vorkommen in ganz Europa, in Wäldern in der Regel unter Birken, von September bis November. ▲▲ **Giftig!**

Gemeiner Weichritterling *Melanoleuca melaleuca* 8 cm

Dieser Pilz ist mittelgroß und wirkt im Aussehen sehr düster. Der Hut wird etwa 7 cm breit, ist dunkelbraun, wird aber mit zunehmendem Alter heller, meist mit einem kleinen Buckel in der Mitte. Die Lamellen sind weiß und gebuchtet, das Fleisch ist ebenfalls weiß. Der Stiel ist völlig gerade, weiß mit gräulichen Fäserchen. Er wird mit zunehmendem Alter dunkler, bleibt dabei jedoch im Farbton im Vergleich zum Hut, deutlich abgesetzt. Vorkommen in ganz Europa, recht häufig, in Wäldern entlang grasigen Wegen, von August bis November. ●▲ Essbar, aber nicht empfehlenswert.

Brauner Rasling *Lyophyllum decastes* 10 cm

Der Hut dieses charakteristischen Pilzes wird etwa 7 cm breit. Die Hutoberfläche weist zahlreiche Schattierungen von schmutzigem Braun mit dunklerer Maserung auf. Er ist jung halbkugelig gewölbt, breitet sich später aus, wird dabei flacher. Die Lamellen sind gebrochen weiß, das Fleisch ist rein weiß. Der harte und faserige Stiel ist weißlich, zur Basis hin dunkler. Dieser Pilz tritt verstärkt in Gruppen auf. Vorkommen in ganz Nordeuropa, häufig, in Wäldern, auf Lichtungen und an Wegen, von Juli bis Oktober.
●▲ Essbar, aber nicht empfehlenswert.

Mairitterling *Calocybe gambosum (Tricholoma georgii)*
15 cm

Dieser spezielle Frühlingspilz wird auch Georgsritterling genannt, da er zumeist um den 23. April, dem St. Georgstag, erscheint. Er ähnelt oberflächlich dem Zuchtchampignon. Der Hut wird bis zu 10 cm breit und ist weiß, leicht lederfarben getönt. Die Lamellen sind weiß, angewachsen und gedrängt. Das Fleisch ist dick und riecht nach frischem Mehl. Der Stiel ist kräftig und weiß. Vorkommen in ganz Europa, manchmal lokal häufig, auf grasigen Flächen wie Wiesen und Weiden, in Parks und Gärten, von April bis Juni. ●● Essbar, empfehlenswert.

Zwitterling *Nyctalis parasitica (Asterophora parasitica)* 3 cm

Diese parasitäre Pilzart ist klein und hat sehr spezifische und typische Anforderungen an ihren Standort. Der Hut wird durchschnittlich etwa 1,5 cm breit und ist weiß mit dunklerer Maserung rings um den Rand. Die Lamellen sind weißlich, werden jedoch mit zunehmendem Alter während der Sporenbildung braun. Der Stiel ist recht schlank, meist gebogen und weißlich. Das bräunliche Fleisch verbreitet einen charakteristischen fauligen Geruch. Vorkommen in ganz Europa, äußerst lokal, wächst auf alten und absterbenden *Russula-* oder *Lactarius*-Pilzen, von September bis Dezember. ▲ Ungenießbar.

Beringter Schleimrübling *Oudemansiella mucida* 10 cm

Dies ist ein besonders ungewöhnlicher, gänzlich weißer Pilz. Der Hut wird durchschnittlich 6 cm breit, ist schleimig, halb durchscheinend und am besten im Gegenlicht zu bewundern. Die Lamellen sind frei und stehen weit auseinander. Die Stiellänge variiert beträchtlich, während er wächst und den Hut vom Baumstamm abhebt, auf dem er lebt, leicht schuppig mit Hautring. Vorkommen in ganz Europa, lokal häufig, in Laubwäldern, bevorzugt hoch oben an Buchen, aber auch auf Ästen am Boden, von September bis November. ●▲ Essbar, aber nicht empfehlenswert.

Wurzelnder Schleimrübling *Oudemansiella radicata* 12 cm

Dieser Pilz ist mittelgroß und wirkt sehr zierlich. Der Hut wird etwa 7 cm breit, ist braun gefärbt und radial gefurcht. Jung ist der Hut kegelförmig, dann breitet er sich aus, manchmal mit eingedrückter Mitte und einem Buckel. Die Lamellen des Pilzes sind frei und, ebenso wie das Fleisch, weiß. Der lange weiße Stiel ist nahezu doppelt so lang wie der Hut breit, zur Basis hin bräunlich schattiert. Vorkommen in ganz Europa, oft sehr zahlreich, in Laubwäldern, bevorzugt unter Buchen, an überwucherten Stümpfen oder Astwerk, von Juli bis November.
●▲ Essbar, aber nicht empfehlenswert.

Samtfußrübling *Flammulina velutipes* 10 cm

Der Name dieser büschelig wachsenden Art deutet bereits auf ihre samtig überzogene Stielbasis hin. Der Hut ist etwa 5 cm breit, orange- oder gelbbraun gefärbt und meist um den Hutrand herum, bei Nässe auch in der Mitte, etwas dunkler. Die Lamellen sind gelblich, der Stiel ist orangefarben, wird zur Basis hin dunkler. Er ist hart und oft gebogen oder verdreht, abhängig davon, wie dicht und an welchem Standort die Pilzbüschel wachsen. Vorkommen in Nordwesteuropa, in Laubwäldern, meist auf morschen Baumstümpfen, selten vor Dezember. ● Essbar (nur der Hut).

Rötlicher Adernseitling *Rhodotus palmatus* 7 cm

Ein ziemlich kleiner, aber auffälliger Pilz. Der Hut wird bis zu 7 cm breit, ist hell lederfarben rosa oder pfirsichfarben mit einer runzeligen Oberfläche, die einer Trockenfrucht gleicht. Der Rand ist stark eingerollt. Die Lamellen sind blass lederfarben, das Fleisch ist weißlich. Der Stiel ist gebrochen weiß gefärbt, faserig und oft recht unförmig dick. Vorkommen in ganz Europa, sehr abhängig von bestimmten Ulmenarten, auf deren Totholz er lebt, in Laubwäldern und unter Hecken, auf totem Holz und Astwerk, von September bis Dezember. ▲ Ungenießbar.

Feldschwindling *Marasmius oreades* 10 cm

Typisch ist, dass dieser Pilz oft in großen Ringen steht. Sein Hut ist etwa 5 cm breit und hell gelbbraun. Anfangs gewölbt, breitet er sich später mit einem typischen Buckel aus. Die Lamellen sind weiß, angewachsen und stehen entfernt. Das Fleisch ist weiß, der Stiel ist ähnlich wie der Hut gefärbt. Wie auch andere Arten dieser Gattung kann der Pilz vertrocknen und bei Nässe unbeschadet wieder seine ursprüngliche Form annehmen. Vorkommen in ganz Europa, auf grasigen Flächen, von August bis November.
● Essbar, aber leicht mit ähnlichen Giftpilzen zu verwechseln.

Langstieliger Knoblauchschwindling *M. alliaceus* 15 cm

Dieser große, aber zierliche Pilz verbreitet einen intensiven sowie kräftigen Knoblauchgeruch und rechtfertigt insofern vollauf seinen Namen. Der Hut wird etwa 2,5 cm breit, ist ledrig braun bis rötlich braun, zunächst halbkugelig gewölbt, später eher glockenförmig. Der Hutrand ist meist radial gestreift. Die Lamellen sind weiß; das Fleisch ist weißlich und wird zur Stielbasis hin dunkler. Der Stiel ist lang, dünn, intensiv braun gefärbt und wird ebenfalls zur Basis hin dunkler. Vorkommen in ganz Europa, selten häufig, in Laubwäldern in herabgefallenem Laub, oft unter Buchen, von September bis November. ▲ Ungenießbar.

Zapfenrübling *Baeospora myosura* 5 cm

Dieser nicht sehr auffällig aussehende, dennoch faszinierende kleine Pilz ist leicht durch seine spezielle Wirtspflanze aufzufinden. Der Hut wird durchschnittlich 2 cm breit, ist hell gelbbraun, manchmal auch etwas dunkler. Die Lamellen sind weißlich, stehen recht gedrängt, das Fleisch ist bräunlich. Der sehr schlanke Stiel ist in der Regel heller als der Hut und an der Basis leicht behaart. Vorkommen in ganz Europa, lokal häufig, in Nadelwäldern an herabgefallenen Kiefernzapfen auf dem Waldboden, von November bis Februar.
▲ Ungenießbar.

Gefleckter Rübling *Collybia maculata* 10 cm

Der Gefleckte Rübling ist mittelgroß mit einem sehr typischen Aussehen. Der Hut wird durchschnittlich 8 cm breit und ist weiß oder cremefarben. Die Lamellen stehen frei. Der Stiel ist weiß und kann, je nach Tiefe des Bodens, auf dem er wächst, recht lang und verdreht sein. Am ganzen Pilz, besonders jedoch an Hut und Lamellen, mit zunehmendem Alter braune Flecken. Vorkommen in ganz Europa, häufig, wächst in Büscheln in Laub- und Nadelwäldern, auf gefallenem Laub, Nadeln und Holz, von Juli bis November.
▲ Ungenießbar, da sehr bitter und zäh.

Spindelrübling *Collybia fusipes* 10 cm

Dieser kleine bis mittelgroße Pilz besitzt einen auffälligen Stiel. Sein Hut wird bis zu 6 cm breit, ist braun und glatt. Die Lamellen wie auch das Fleisch sind rehbraun gefärbt. Der Stiel ist typisch für diese Art: rötlich braun, längsseits gerillt und spindelartig verdreht. Zur Mitte hin ist er dunkler und nimmt an Umfang zu, zur Stielbasis hin ist er meist verjüngt. Oft sind mehrere Stiele am Grund miteinander verwachsen. Vorkommen in ganz Mittel- und Westeuropa, auch in Südengland, oft häufig, auf Eichen, meist am Baumfuß stehend, von Mai bis Oktober. ▲ Ungenießbar.

Waldfreundrübling *Collybia dryophila* 5 cm

Dieser recht kleine und oft ziemlich unterschiedlich aussehende Rübling ist sehr häufig anzutreffen, weit verbreitet und hauptverantwortlich für die Zersetzung von zu Boden gefallenem Laub. Der Hut wird bis zu 5 cm breit, ist dünn und sehr verschieden, meist aber blassbraun gefärbt. Die Lamellen sind weiß und stehen frei, das Fleisch ist weiß und recht dünn. Der Stiel ist ähnlich wie der Hut gefärbt, lang, dünn und hohl, wird zur Basis hin dicker und dunkler. Vorkommen in ganz Nordwesteuropa, in Wäldern aller Art und auf Heideflächen, meist von Mai bis November. ●▲ Essbar, aber nicht empfehlenswert; nur abgekocht und als Mischpilz.

Horngrauer Rübling *Collybia butyracea* 8 cm

Der Horngraue Rübling ist ein recht häufiger und typischer Wald-pilz. Sein Hut wird bis zu 6 cm breit und ist leder- bis olivbraun ge-färbt. Trocken wird er zwischen Hutrand und der buckligen Mitte deutlich heller. Bei Feuchtigkeit ist die Hutoberfläche schmierig und butterartig glänzend. Die Lamellen wie auch das Fleisch sind weiß-lich und riechen leicht ranzig. Der Stiel ist braun, an der Basis ver-dickt und zum Hut hin verjüngt. Vorkommen in ganz Europa, in Laub- und Nadelwäldern, von Juli bis November.
●▲ Essbar, aber nicht empfehlenswert.

Rillstieliger Helmling *Mycena polygramma* 10 cm

Der Hut dieses recht langen schlanken Pilzes wird bis zu 5 cm breit. Die gräulich braune bis hell gelbbraune Ober-fläche ist jung kegelför-mig, wird später glocken-förmig breiter und ist leicht gebuckelt. Der Hutrand ist strahlenför-mig gerieft. Die Lamellen sind gebrochen weiß, manchmal zartrosa über-haucht und weit ausei-nander stehend. Das Fleisch ist weißlich, der längliche Stiel mehr gräulich, längs gefurcht und basal oft verdreht. Vorkommen in ganz Eu-ropa, in Laubwäldern auf Baumstümpfen oder to-ten Zweigen, manchmal in Gruppen von August bis November.
▲ Ungenießbar.

Buntstieliger Helmling *Mycena inclinata* 10 cm

Dieser ziemlich häufige Waldpilz wächst in Büscheln. Sein Hut wird bis zu 3 cm breit, ist anfangs kegelförmig, breitet sich später jedoch glockenförmig mit einem zentralen Buckel aus. Er ist matt orangebraun gefärbt, zur Mitte hin dunkler. Am Hutrand sind deutlich radiale Linien und Falten zu erkennen; der Rand ist häufig eingerissen. Die Lamellen sowie auch das Fleisch sind weißlich und verbreiten einen mehligen bis ranzigen Geruch. Der Stiel ist lang, schlank und wird zur Basis hin dunkler. Vorkommen in ganz Europa, in Laubwäldern sehr oft auf Eichenstümpfen, von September bis November. ▲ Ungenießbar.

Rosablättriger Helmling *Mycena galericulata* 9 cm

Diese Art ist meist klein und erscheint in Büscheln. Der Hut erreicht einen Durchmesser von 5–6 cm, ist grau gefärbt, trocken jedoch eher bräunlich. Anfangs ist er kegelförmig, wird dann flacher mit einem Buckel in der Hutmitte. Die Lamellen sind angewachsen, weiß, werden mit der Zeit jedoch fleischrosafarben getönt. Auch das Fleisch ist weiß, der Stiel ist länglich, dünn, hart und ähnlich wie der Hut gefärbt. Vorkommen in ganz Europa, oft häufig, meist in Laubwäldern büschelig auf Baumstümpfen aller Art, von Mai bis November. ● Essbar (nur die Hüte).

Rauchiger Helmling *Mycena leptocephala* 5 cm

Der Hut dieses kleinen, zierlichen Pilzes wird bis zu 1 cm breit, ist anfangs kegelförmig, wird dann flach glockenförmig mit einem kleinen zentralen Buckel. Er ist grau gefärbt und mit dunklen radialen Linien gezeichnet. Die Lamellen sind heller grau gefärbt als die Hutoberfläche, am Rand meist weißlich. Das weißliche Fleisch riecht unangenehm nach Ammoniak. Der Stiel ist schlank, grau, wird nach unten hin dicker und ist an der Basis flaumig behaart. Vorkommen in ganz Europa, lokal ziemlich häufig, meist in kurzem Gras, hin und wieder auch in gefallenem Laub, von September bis November.
▲ Ungenießbar.

Überhäuteter Helmling *Mycena epipterygia* 8 cm

Auch diese Waldpilzart ist recht klein und zierlich. Der anfangs kegelförmige Hut wird bis zu 1,5 cm breit und allmählich glockenförmig. Die Hutoberfläche ist gelblich lederfarben bis gelbbraun, typisch schleimig und rings um den Rand deutlich gerieft. Die Lamellen sind blass, das Fleisch ist weißlich. Der lange schlanke Stiel ist klebrig, blass und zur Basis hin zunehmend gelblich gefärbt. Vorkommen in ganz Nordwesteuropa, in Nadelwäldern, zwischen gefallenen Kiefernnadeln, gelegentlich auf Heide- und Moorflächen, von August bis November.
●▲ Essbar, aber nicht empfehlenswert.

Fädiger Helmling *Mycena filopes* 7 cm

Der Hut dieser sehr schlanken und ausgesprochen zarten Helmlingsart wird durchschnittlich 2 cm breit, ist gräulich braun, dabei manchmal zur Mitte hin etwas dunkler und vom Rand her graubraun gestreift. Anfangs ist der Hut kegelförmig, dehnt sich aber mit der Zeit glockenförmig aus. Die Lamellen sind weißlich und stehen gedrängt; das Fleisch ist ebenfalls weißlich. Der schlanke Stiel ist graubraun und an der Basis behaart. Vorkommen in ganz Mittel- und Westeuropa, in Laub- und Laubmischwäldern an halb vergrabenem verrottendem Holz, von September bis November. ▲ Ungenießbar.

Salpeterhelmling *Mycena alcalina* 7 cm

Der Salpeterhelmling ist für seine Größe erstaunlich robust. Sein Hut wird etwa 3 cm breit, ist jung kegelförmig, breitet sich später mit einem typischen Buckel glockenförmig aus. Die Hutoberfläche ist graubraun gefärbt, der Buckel meist heller. Die Lamellen stehen weit auseinander und sind weiß, so auch das Fleisch, das unangenehm salpetrig und wie nach Reinigungsmitteln riecht. Der schlanke Stiel ist graubraun, jedoch heller als der Hut. Vorkommen in ganz Europa, häufig, in Nadelwäldern, auf Baumstümpfen und halb vergrabenem Holz, von September bis November.
●▲ Essbar, aber nicht empfehlenswert.

Gelbmilchender Helming *Mycena crocata* 8 cm

Dieser zierliche und ungewöhnliche Pilz enthält eine safran- oder orangerot gefärbte Milch. Sein Hut wird bis zu 3 cm breit, ist anfangs kegelförmig, breitet sich dann aber mit einem deutlichen Buckel glockenförmig aus. Er ist grau- bis rehbraun gefärbt, wird mit der Zeit rot gefleckt. Die Lamellen sind angewachsen und weiß, werden allmählich rötlich, das Fleisch ist weißlich. Der Stiel ist schlank, graubraun und verfärbt sich rot. Vorkommen in ganz Europa, selten häufig, in Wäldern, bevorzugt unter Buchen, von September bis November. ●▲ Essbar, aber nicht empfehlenswert.

Knopfhelmling *Mycena fibula* 4 cm

Dieser winzige zarte Pilz ist sehr typisch gefärbt. Der Hut wird durchschnittlich 0,75 cm breit, ist anfangs halbkugelig rund, wird später knopfartig mit einer eingedrückten Mitte. Die Oberfläche ist leuchtend orange. Die Lamellen sind herablaufend und blasser gefärbt als der Hut. Das Fleisch ist orangefarben und riecht deutlich pilzig. Der sehr schmale Stiel ist ebenfalls orangefarben und zur Basis hin zunehmend wollig und samtig. Vorkommen in ganz Nordwesteuropa, lokal häufig, auf Gras- sowie Moosflächen aller Art und sogar auf gepflegtem Rasen, von August bis Oktober.
●▲ Essbar, aber nicht empfehlenswert.

Riesenrötling *Entoloma sinuatum* 8 cm

Der Hut dieses kräftigen mittelgroßen Pilzes wird durchschnittlich 10 cm breit, ist cremig weiß bis hell graubraun gefärbt und am Hutrand oft gewellt. Die Lamellen sind angewachsen, anfangs weiß, werden aber während der Bildung farbiger Sporen bald gelblich rosa. Das Fleisch ist weiß und recht dick. Der Stiel ist ebenfalls weiß und fest. Vorkommen in ganz Europa, seltener, dafür an bestimmten Stellen häufig, hauptsächlich in Laubwäldern, auch unter hoch gewachsenen Hecken, von Juli bis September. ▲▲ **Stark giftig!** Führt zu Brechdurchfall und Kreislaufbeschwerden.

Braunroter Rötling *Entoloma porphyrophaeum* 8 cm

Dieser mittelgroße Pilz wirkt ziemlich düster. Sein Hut wird etwa 6 cm breit, ist anfangs kegelförmig, breitet sich dann aber glockenförmig mit einem typischen Buckel aus. Die Oberfläche ist leder- bis graubraun gefärbt und mit dunkleren, haarfeinen radialen Streifen überzogen. Die Lamellen sind erst weiß, färben sich aber während der Sporenbildung rosa. Das Fleisch ist weiß. Der Stiel ist faserig, graubraun, zur Basis hin aufgehellt. Vorkommen in ganz Europa, seltener, dafür an bestimmten Stellen häufig, auf grasigen Waldschneisen, gelegentlich auch auf Weidegrasflächen, von Juni bis Oktober. ●▲ Essbar, aber nicht empfehlenswert. Verwechslung mit giftigen Rötlingen möglich.

Moor-Glöckling *Nolanea cetrata (Rhodophyllus cetratus)* 6 cm

Dieser ziemlich kleine Pilz ist recht häufig. Sein Hut wird durchschnittlich 2 cm breit, ist jung halbkugelig oder schirmartig gewölbt, breitet sich dann aber zunehmend flacher aus. Die Hutoberfläche ist gelblich leder- bis fleischfarben braun, wobei die Mitte in der Regel dunkler erscheint. Der Hutrand ist streifig gefurcht. Die Lamellen sind blassbraun wie auch der längliche schlanke Stiel, der zusätzlich noch mit hellen seidigen Härchen bedeckt ist. Vorkommen in ganz Nordeuropa, selten zahlreich, in Nadelwälder, dort oft inmitten von Torfmoos *(Sphagnum)*, von September bis November. ▲ Ungenießbar.

Rehbrauner Dachpilz *Pluteus cervinus* 12 cm

Dies ist ein mittelgroßer Waldpilz, dessen Hut etwa 10 cm breit wird und in den verschiedensten Brauntönen gefärbt ist. Die Hutmitte ist zumeist dunkler mit radial verlaufenden dunklen Streifen. Anfangs ist er noch glockenförmig gewölbt, wird jedoch mit der Zeit flach rundlich. Die Lamellen sind weißlich, während der Sporenbildung aber zunehmend rosafarben. Das Fleisch ist weiß, der Stiel ebenfalls weißlich, darüber allerdings dunkel gefasert. Vorkommen in ganz Europa, auf Baumstümpfen oder im Sägemehl gefällter Bäume, von Juni bis Oktober. ● Essbar, vor allem aber als Mischpilz zu verwenden.

Wolliger Scheidling *Volvariella bombycina* 18 cm

Dieser relativ große Pilz ist speziell auf totem Holz zu finden. Der Hut wird etwa 15 cm breit, ist zeitlebens gewölbt und hat eine blass lederfarbene bis weißliche Oberfläche, die seidig gefasert und mit zunehmendem Alter mehr filzig mattiert ist. Die Lamellen sind weißlich, werden bei der Sporenbildung aber allmählich rosafarben. Das Fleisch ist weiß, so auch der Stiel. In seiner Länge und Krümmung ist dieser – abhängig vom Standort – sehr variabel. Vorkommen in ganz Europa, erscheint jedoch nur gelegentlich, von Juli bis Oktober. ●● Essbar, sehr schmackhaft.

Weißvioletter Dickfuß *Cortinarius alboviolaceus* 10 cm

Der Hut dieses Waldpilzes wird durchschnittlich 6 cm breit, ist weißlich und zartviolett überhaucht. Die Hutoberfläche ist seidig glänzend und jung glockenförmig, später dann flach gewölbt und ausgebreitet. Die Lamellen sind bläulich und werden zur Sporenbildung dann aber braun. Das Fleisch ist bläulich weiß. Der Stiel ist kräftig, ähnlich wie der Hut gefärbt und längsseits mit violettfarbenen faserigen Linien versehen. Vorkommen in ganz Nordwesteuropa, jedoch nicht besonders häufig, in Laubwäldern, hier vor allem unter Eichen, von September bis November.
▲ Ungenießbar.

Stumpfer Wasserkopf *Cortinarius obtusus* 8 cm

Diesen Pilz findet man in Nadelwäldern. Sein Hut wird vollständig ausgebreitet bis zu 3 cm breit und ist rötlich braun. Anfangs ist er noch kegel- oder glockenförmig, später jedoch flach ausgebreitet mit einem Buckel in der Mitte. Die Lamellen und das Fleisch sind orangebraun gefärbt. Der Stiel ist braun, erscheint jedoch wegen seines faserigen Überzugs weiß. Er ist gleichförmig zylindrisch, zur Basis hin manchmal leicht verjüngt. Vorkommen in ganz Europa, erscheint jedoch nur gelegentlich, meist unter Kiefern, von Juli bis Oktober. ▲ Ungenießbar.

Lilastieliger Schleimfuß *Cortinarius pseudosalor* 10 cm

Dieser Pilz ist der häufigste einiger sehr ähnlich aussehender *Cortinarius*-Arten, die vor Ort nur schwer bestimmbar sind. Der Hut wird ausgebreitet etwa 5 cm breit, ist intensiv braun gefärbt und schleimig. Der Hutrand ist deutlich blasser und gerieft. Anfangs noch rundlich, wird er zunehmend flacher. Die Lamellen sind angewachsen und rostbraun, das Fleisch ist hellbraun gefärbt. Der blassblaue Stiel ist schleimig, zur Mitte hin leicht verdickt, mit einer dunklen Ringzone am Hutansatz. Vorkommen in ganz Mittel- und Westeuropa, meist in Laubwäldern unter Buchen, von Juli bis November. ▲ Ungenießbar.

63

Wohlriechender Gürtelfuß *Cortinarius torvus* 6 cm

Dieser kleine Pilz wird leicht übersehen. Sein Hut wird durchschnittlich 7 cm breit. Jung ist er halbkugelig rund, breitet sich später flacher aus, bleibt jedoch rundlich. Die Hutoberfläche ist hell gelbbraun mit dunkleren radialen Streifen. Die anfangs graubraunen Lamellen werden, wenn die Sporen heranreifen, dunkler. Das Fleisch ist blass gelblich, oben am Stiel bläulich weiß. Der Stiel ist weißlich und besitzt einen Ring; darüber ist er deutlich dunkler. Vorkommen in ganz Europa, wenig häufig, in Laubwäldern, besonders unter Buchen, von September bis November.
▲ Ungenießbar.

Rotschuppiger Dickfuß *Cortinarius bolaris* 5 cm

Der Hut dieser ansehnlichen Pilzart wird etwa 4 cm breit und hat einen blass lederfarbenen Grundton, der mosaikartig rötlich gefleckt ist. Der Hut bleibt beständig gewölbt, auch wenn er sich im Laufe der Zeit weiter ausbreitet. Die Lamellen sind anfangs hell lederfarben und werden bei der Ausbildung von Sporen dunkler. Das Fleisch ist im Hut weißlich, zur Stielbasis hin gelblich; angeschnitten wird die Farbe dort noch intensiver. Der kräftige blasse Stiel ist mit rötlichen Flecken überzogen. Vorkommen in ganz Europa, selten zahlreich, in Laubwäldern, von August bis Oktober. ▲▲ Giftig!

Sumpf-Hautkopf *Cortinarius uliginosus* 6 cm

Diese Pilzart ist sehr charakteristisch gefärbt. Der Hut wird bis zu 3 cm breit, ist anfangs rundlich oder kugelförmig, breitet sich mit zunehmendem Alter aber aus. Die Oberfläche ist leuchtend orangebraun gefärbt und faserig. Die Lamellen sind erst gelblich, werden später dunkler. Das Fleisch ist gelb. Der Stiel ist ähnlich gefärbt wie der Hut, allerdings eine Spur blasser und faserig überzogen. Vorkommen in ganz Europa, nie zahlreich, auf feuchten Böden, bisweilen in einem feuchten Erlengrund oder auf sumpfiger Heide, von September bis November. ▲ Ungenießbar.

Blutblättriger Hautkopf *Cortinarius semisanguineus* 8 cm

Der Hut dieses recht schönen Pilzes wird ausgebreitet etwa 4 cm breit. Jung ist er noch gerundet oder kegelförmig, nimmt mit der Zeit aber an Umfang zu, wobei ein deutlicher Buckel entsteht. Die Oberfläche ist orange lederfarben, in der Mitte oft dunkler. Die Lamellen sind intensiv rot und bilden einen effektvollen Kontrast zur Hutfarbe. Das Fleisch sowie der Stiel sind genauso wie der Hut gefärbt, wobei der Stiel ein wenig blasser ist, dazu oft leicht verdreht. Vorkommen in ganz Europa, lokal häufig, in feuchten Mischwäldern mit Kiefern und Birken, von Juli bis November. ▲ Ungenießbar.

65

Tongrauer Fälbling *Hebeloma crustuliniforme* 7 cm

Der Hut dieses relativ unscheinbaren mittelgroßen Giftpilzes wird durchschnittlich 7 cm breit, ist blass gelbbraun und wird im Scheitel mit der Zeit dunkler, fast backsteinfarben. Die Hutoberfläche ist schleimig und am Rand lange Zeit eingerollt. Die angewachsenen Lamellen sind erdfarben und werden während der Sporenbildung dunkler braun. Bei Nässe bilden sich an ihren Enden oft Wassertropfen, die Sporen umschließen und eingetrocknet braune Flecken hinterlassen. Das Fleisch ist weiß, dick und riecht nach Meerrettich, der Stiel ist sehr blass rehbraun. Vorkommen in ganz Nordwesteuropa, in Laubwäldern, von September bis November. ▲▲ **Sehr giftig!**

Gefleckter Risspilz *Inocybe maculata* 9 cm

Der Gefleckte Risspilz ist klein bis mittelgroß. Sein Hut wird vollständig ausgebreitet durchschnittlich 6 cm breit, ist blassbraun und mit dunkelbraunen, radial verlaufenden Streifen sowie faserigen Härchen überzogen. Anfangs ist er kegelförmig und wird dann zunehmend flacher mit einem Buckel. Die weißen Lamellen werden allmählich dunkler. Das Fleisch ist weiß und riecht streng. Der Stiel ist braun, heller als der Hut und unterschiedlich stark gemasert. Vorkommen in ganz Mittel- und Westeuropa, in Laubwäldern, oft unter Buchen, von September bis November. Hoher Gehalt des u.U. tödlich wirkenden Alkaloids Muscarin. ▲▲ **Giftig!**

Ziegelroter Risspilz *Inocybe erubescens (J. patouillardii)*
10 cm

Diese überaus giftigen Pilze wachsen gelegentlich in Form eines typischen Ringes. Der Hut wird bis zu 8 cm breit und ist weiß oder sehr zart rosafarben. Er breitet sich, anfangs noch kegelförmig, flach mit einer buckeligen Mitte aus, wobei der Hutrand oft einreißt. Die Lamellen sind weißlich und werden mit der Sporenreife dunkler. Der Stiel ist weißlich. Der gesamte Pilz wird mit der Zeit zunehmend ziegelrot. Vorkommen in ganz Europa, in Laubwäldern, besonders auf Kalkböden unter Buchen, von Mai bis Juli.
▲▲ **Stark giftig!** Kann leicht verwechselt werden.

Bittersüßer Risspilz *Inocybe dulcamara* 4 cm

Dieser kleine Pilz erscheint oft in sehr karger Umgebung. Der Hut wird durchschnittlich 2,5 cm breit, ist hellbraun bis lohfarben und filzig überzogen. Als junger Pilz ist er noch kegelförmig gewölbt, breitet sich dann aus und wird dabei zunehmend flacher. Die Lamellen sind angewachsen, gelbbraun gefärbt und werden mit der Zeit dunkler. Das Fleisch ist lederfarben. Der Stiel ist genauso wie der Hut gefärbt. Vorkommen in ganz Nordwesteuropa, nie zahlreich, bevorzugt auf losem Untergrund, auch auf Sanddünen, von Juli bis Oktober. ▲▲ **Giftig!**

Kegeliger Risspilz *Inocybe rimosa (J. fastigiata)* 6 cm

Der Kegelige Risspilz ist klein bis mittelgroß. Sein Hut wird bis zu 6 cm breit, erinnert anfangs an ein Rundzelt, breitet sich später flacher aus. Die Oberfläche ist blass gelblich; typische, radial verlaufende Risse lassen das helle Fleisch zum Vorschein kommen. Die Lamellen sind schmutzig gelb mit weißem Rand, angewachsen und gedrängt. Der zylindrische Stiel ist ziemlich lang, schlank und ähnlich wie der Hut gefärbt. Vorkommen in ganz Europa, unter Laubbäumen, vor allem unter Buchen, von Juli bis Oktober.
▲▲ **Giftig!**

Rübenstieliger Risspilz *Inocybe napipes* 6 cm

Ein kleiner, wenig reizvoll aussehender Waldpilz, dessen Hut etwa 3,5 cm breit wird. Anfangs noch kegelförmig, breitet sich dann aber zu einer Glockenform mit typischem Buckel aus. Die Oberfläche ist dunkel- oder haselnussbraun gefärbt und mit strahlig verlaufenden Fasern bedeckt. Die Lamellen sind braun, das Fleisch ist weißlich. Der Stiel ist lederfarben und wird zur knolligen Basis hin zunehmend dicker. Vorkommen in ganz Nordwesteuropa, oft häufig, meist in Laub-, auch in Mischwäldern, von August bis Oktober.
▲▲ **Giftig!**

Rötender Faserkopf *Inocybe godeyi* 6 cm

Dieser Pilz hat ebenso wie einige sehr ähnliche *Inocybe*-Arten einen typisch gefaserten Hut. Dieser wird etwa 3 cm breit, ist anfangs noch kegelförmig, später breiter und gebuckelt. Seine Oberfläche ist orangebraun gefärbt mit dunklen, radial verlaufenden Streifen. Der Rand ist oft eingerissen. Die Lamellen sind weißlich, werden aber langsam bräunlich. Das Fleisch ist weiß. Der Stiel ist graubraun, mit knolliger Basis, und läuft, wie auch der Hut, an Druckstellen rot an. Vorkommen in ganz Europa, nicht häufig, in Laubwäldern auf Kalkboden, von Juli bis September.
▲▲ **Giftig!**

Erdblättriger Risspilz *Inocybe geophylla* var. *lilaciana* 5 cm

Der Hut dieses auffallend schönen Waldpilzes wird etwa 2 cm breit. Er ist jung noch kegelförmig, später dann ausgebreitet und in der Mitte mit einem deutlichen Buckel versehen. Die Oberfläche ist blassviolett und glatt. Die Lamellen sind graubraun gefärbt und dunkeln mit der Zeit nach. Das Fleisch ist lilafarben, der Stiel glatt und im Verhältnis zum Hut recht lang, oft gebogen. Oft auch ohne die violette Hutfarbe als weiße *Inocybe geophylla*-Unterart anzutreffen. Vorkommen in ganz Europa, in Wäldern aller Art, von August bis Oktober.
▲▲ **Giftig!**

Geflecktblättriger Tannenflämmling *G. penetrans* 7 cm

Dieser häufige Pilz ist klein bis mittelgroß. Sein Hut wird durchschnittlich 5 cm breit, ist anfangs noch kegelförmig und breitet sich mit zunehmendem Alter flach aus. Die Hutoberfläche ist orangebraun gefärbt und glatt. Auch die Lamellen sind zu Beginn noch orangebraun, zur Sporenreife dann dunkler und gefleckt. Das Fleisch wie auch der Stiel ist gelblich, zur Stielbasis hin dunkler gefärbt. Vorkommen in ganz Europa, in Nadelwäldern auf herabgefallenen, manchmal auch vergrabenen Zweigen und anderem Holz, von August bis Oktober. ▲ Ungenießbar.

Beringter Flämmling *Gymnopilus junonius* 12 cm

Diese recht große Pilzart tritt oft büschelig auf. Der Hut wird etwa 12 cm breit und ist intensiv goldgelb gefärbt, die Oberfläche mit Schuppen bedeckt, die Streifen- oder Fleckenmuster erzeugen. Der Hut ist anfangs rundlich, wird aber immer breiter und flacher. Die angewachsenen Lamellen sind gelb und durch Sporen, die auch auf den Stiel fallen, oft rostbraun gefleckt. Das Fleisch ist gelb. Der Stiel ist genauso wie der Hut gefärbt, kräftig und zur Basis hin verdickt. Vorkommen in ganz Europa, auf vergrabenem Laubholz, von August bis Dezember.
▲ Ungenießbar.

Stockschwämmchen *Pholiota (Kuehneromyces) muabilis*
8 cm

Der gemusterte Hut wird durchschnittlich 5 cm breit und ist in der Grundfarbe gelbbraun. Bei Trockenheit ist er gut daran zu erkennen, dass er in der Mitte deutlich hellbeige wird. Er ist jung kegelförmig, wird breiter und flacher mit einem Buckel in der Mitte. Die angewachsenen Lamellen sind blass zimtbraun. Das Fleisch ist weißlich zimtfarben. Der Stiel ist glatt und über einem Ring heller, darunter dunkler und geschuppt. Vorkommen in ganz Europa, in Büscheln auf Laubholzstümpfen, von Juli bis November. ●▲ Essbar, aber nicht empfehlenswert, weil sehr leicht mit giftigen Arten zu verwechseln.

Gestiefelter Häubling *Galerina mycenopsis (G. pumila)* 6 cm

Der Hut dieser unauffälligen Pilzart wird etwa 1 cm breit, ist anfangs rundlich gewölbt, wird dann mit zunehmendem Alter breiter und glockenförmig. Die Hutoberfläche ist orangebraun gefärbt und erscheint zur Mitte hin etwas dunkler. Die Lamellen und das Fleisch sind gelblich braun. Der relativ lange schlanke Stiel ist etwas heller als der Hut gefärbt und nimmt zur Basis hin meist leicht an Umfang zu. Vorkommen in ganz Europa, selten häufig, an moosigen Standorten auf allen möglichen Grasflächen und auf Rasen, von August bis November. ▲ Ungenießbar.

Üppiger Träuschling *Stropharia hornemanni* 12 cm

Der Hut dieses besonderen Waldpilzes wird etwa 12 cm breit, ist jung kugelig gewölbt und wird mit der Zeit aber breit kuppelförmig. Die Oberfläche ist lederbraun, oft violett getönt und bei Nässe sehr schleimig. Die Lamellen sind gräulich und leicht violett getönt. Das weißliche Fleisch riecht sehr unangenehm. Der Stiel kann je nach Art des Wuchsortes auch gekrümmt sein, ist weiß und unterhalb des Rings schuppig. Vorkommen in ganz Nordwesteuropa, aber meist ziemlich lokal, in Waldgebieten auf verrotteten Baumstümpfen und vergrabenem Holz, von September bis November. ▲ Ungenießbar.

Halbkugeliger Träuschling *Stropharia semiglobata* 10 cm

Der ziemlich häufig vorkommende Halbkugelige Träuschling wächst auf Tierdung. Der Hut wird durchschnittlich 2 cm breit, ist blassgelb und rundlich gewölbt. Seine Lamellen sind schwarz und weit auseinander stehend. Sie bilden, passend zu der halbrunden Hutform, eine fast waagerechte Fläche zwischen Hutrand und Stiel, an dem sie auch angeheftet sind. Der Stiel ist recht lang, gleichbleibend dünn, ähnlich wie der Hut gefärbt und besitzt einen zarten schwarzen Ring. Darunter ist er klebrig. Vorkommen in ganz Europa, besonders häufig auf Pferdemist, von Juni bis November. ▲▲ Giftig!

Grünblättriger Schwefelkopf *Hypholoma fasciculare* 8 cm

Diese Pilzart ist stets in großen Büscheln mit bis zu hundert Exemplaren anzutreffen. Der Hut wird etwa 5 cm breit, ist jung schwefelig gelb mit einer dunkleren Mitte. Die jung schwefelgelben Lamellen sind angewachsen, erhalten allmählich eine grüne Tönung und werden schließlich dunkel olivbraun. Die niedrigeren Hüte einer Gruppe werden oft mit schwarzen Sporen überzogen. Das Fleisch ist gelblich und der Stiel ähnlich wie der Hut gefärbt. Er ist, je nach Standort, in der Regel gebogen oder verdreht. Vorkommen in ganz Europa, sehr häufig auf totem Holz, von April bis Dezember.
▲▲ **Stark giftig!**

Nadelholzschüppling *Hypholoma marginatum* 7 cm

Dieser Pilz kann außerhalb seines bevorzugten Lebensraums leicht mit dem Grünblättrigen oder dem Ziegelroten Schwefelkopf verwechselt werden. Der Hut wird etwa 3 cm breit, ist orangebraun oder rötlich braun, meist mit wesentlich hellerem Rand. Er ist jung kegelförmig oder gerundet und wird mit der Zeit flacher. Die gelblichen Lamellen werden braun; das Fleisch ist blass lederfarben und wird zur Stielbasis hin dunkler. Der orangebraune Stiel ist seidig behaart. Vorkommen in ganz Europa, sehr lokal, in Nadelwäldern, von August bis November. ▲ Ungenießbar.

Ziegelroter Schwefelkopf *Hypholoma sublateritium* 15 cm

Der Hut dieser kleinen bis mittelgroßen Art wird etwa 7 cm breit, ist anfangs halbkugelig, breitet sich später flacher aus. Wie der Name besagt, ist die Hutoberfläche oft ziegelrot, manchmal jedoch auch orangebraun gefärbt; der Rand ist meist heller. Die Lamellen sind blass, dunkeln jedoch mit der Zeit nach. Das Fleisch ist gelbbraun. Der Stiel ist hart, in Hutnähe blassgelb, sonst braun, zur Basis hin dunkler. Vorkommen in ganz Europa, lokal häufig, in Gruppen auf verrottenden Baumstümpfen von Laubbäumen, von April bis Dezember.
▲▲ **Giftig!**

Spitzkegeliger Kahlkopf *Psilocybe semilanceata* 6 cm

Die *Psilocybe*-Arten sind wegen ihrer spezifischen Inhaltsstoffe vermutlich schon seit vielen tausend Jahren bei den Indianern als Rauschmittel in Gebrauch. Der Hut dieses kleinen bis mittelgroßen Pilzes wird etwa 1 cm breit, ist typisch spitzkegelig und hat einen eingerollten Rand. Er ist schmierig, fein gerieft und olivbraun gefärbt. Die Lamellen sind schwarz und angewachsen. Der Stiel ist lang, dünn und blass lederfarben. Vorkommen in ganz Europa, lokal häufig, auf jeglichen Flächen mit kurzem Gras, von August bis November. Wegen halluzinogener Inhaltsstoffe nicht zu empfehlen. ▲▲ **Giftig!**

Schleimiger Schüppling *Pholiota adiposa* 5 cm

Der Hut dieser Pilzart wird durchschnittlich 9 cm breit, ist leuchtend orangebraun gefärbt, schleimig und mit dunklen, faserigen Schuppen überzogen, die in der Mitte sogar noch etwas dunkler sind. Anfangs ist er halbkugelig gewölbt, breitet sich später flacher aus. Die Lamellen sind gelbbraun und dunkeln nach. Das Fleisch ist blass, zur Stielbasis hin dunkler. Der Stiel ist gelbbraun, über dem Ring glatt, darunter schuppig. Vorkommen in ganz Europa, selten zahlreich, in Gruppen auf Baumstümpfen von Laubbäumen, besonders von Buchen, von Juli bis November. ▲ Ungenießbar.

Sparriger Schüppling *Pholiota squarrosa* 12 cm

Der Pilz wächst in Büscheln, wobei sein Hut etwa 8 cm breit werden kann. Er ist dunkelgelb und mit dunkelbraunen faserigen Schuppen besetzt, jung noch halbkugelig gewölbt, später flacher ausgebreitet. Die Lamellen sind angewachsen, gelb und verbreiten rostbraune Sporen. Der Stiel ist recht lang, wie der Hut gelb gefärbt und bis zu seinem Ring mit vielen Schüppchen bedeckt, darüber glatt. Vorkommen in ganz Europa, häufig, am Fuße von Laubbäumen, vor allem an Buchen, von September bis November.
▲ Ungenießbar.

Goldfellschüppling *Pholiota cerifera (P. aurivella)* 10 cm

Diese Art ähnelt oberflächlich betrachtet dem Sparrigen Schüppling. Der Hut wird etwa 10 cm breit, ist orangebraun gefärbt und mit weniger, dafür größeren dunklen Schuppen als bei anderen *Pholiota*-Arten bedeckt. In der Mitte fehlen die Schuppen oft ganz. Anfangs ist der Hut kuppelförmig, später viel flacher und ausgebreitet. Die gelben Lamellen verbreiten rostbraune Sporen. Der Stiel ist faserig, ähnlich wie der Hut gefärbt und je nach Standort oft gebogen. Vorkommen in ganz Europa, auf Baumstümpfen von Laubbäumen, von September bis November. ▲ Ungenießbar.

Goldmistpilz *Bolbitius vitellinus* 6 cm

Dieser Wiesenpilz ist klein bis mittelgroß. Sein Hut wird durchschnittlich 3 cm breit, ist glockenförmig und cremig weiß, wobei die Mitte sich gelb färbt. Jung ist die Oberfläche schleimig, später gerieft und reißt am Rand oft ein. Die Lamellen sind angewachsen und zunächst gelblich, werden mit der Zeit aber rostbraun. Der Stiel ist lang, schlank, zur Basis hin dicker. Er ist cremefarben und anfangs noch blass mehlig bedeckt. Vorkommen in ganz Europa, in dungreichen Wiesen, Weiden, gern auf Pferdemist, von Mai bis September.
▲ Ungenießbar.

Pappelschüppling *Agrocybe cylindracea (A. aegerita)* 10 cm

Der Hut dieser mittelgroßen bräunlichen Pilzart wird durchschnittlich 7 cm breit, ist beim jungen Pilz noch weitgehend rundlich, wird mit zunehmendem Alter aber flacher. Der Hutrand ist oft gewellt und eingerissen. Die Lamellen sind angewachsen und zunächst blass, werden während der Sporenreife jedoch dunkler. Der Stiel ist blass, dunkelt nach und besitzt einen Ring. Vorkommen in ganz Nordwesteuropa, selten zahlreich, recht anspruchsvoll und ortsspezifisch, fast ausschließlich nur auf Weiden und Pappeln, in der Regel in kleinen Gruppen, beinahe das ganze Jahr über. ● Essbar.

Voreilender Ackerling *Agrocybe praecox* 7 cm

Der Pilz ist klein bis mittelgroß. Sein Hut wird etwa 5 cm breit, ist gelblich bis bräunlich, dabei zur Mitte hin dunkler und trocken ausblassend. Oftmals weist er einen schmalen dunklen Rand auf. Anfangs ist er noch breit rundlich, breitet sich aber zunehmend flacher aus. Die Lamellen sind angewachsen, erst bräunlich rosafarben, dunkeln mit der Sporenreife jedoch nach. Der Stiel ist schlank, weißlich und besitzt einen Ring. Vorkommen fast überall in Nordwesteuropa, recht selten, bevorzugt auf Rasenflächen aller Art, in Waldschneisen, von Mai bis Juli. ● Essbar.

Heu-Düngerling *Panaeolus foenisecii* 6 cm

Diese kleine Art ist ein typischer Wiesenpilz. Der Hut wird etwa 2 cm breit, ist in der Regel glockenförmig oder auch halbkugelig kegelförmig. Die Hutoberfläche ist braun, bei Trockenheit die Mitte manchmal heller, der Rand reißt gelegentlich ein. Die Lamellen sind blassbraun, werden mit der Zeit jedoch dunkler und gesprenkelt. Der Stiel ist schlank und etwas heller als der Hut. Vorkommen in vielen Teilen Nordeuropas, recht häufig, auf kurz gehaltenen Grasflächen aller Art wie Rasen, Wiesen Parks, von Juli bis November.
▲ Ungenießbar.

Ring-Düngerling *Panaeolus semiovatus* 10 cm

Diese faszinierende Pilzart wächst auf Dung und ist in der Größe von kleinen bis mittelgroßen Exemplaren recht variabel. Der Hut wird etwa 4 cm breit und ist blass cremig lederfarben. Er ist, wie der wissenschaftliche Name andeutet, halboval gewölbt. Die Lamellen sind angewachsen, schwarz und ungleichmäßig gesprenkelt. Das Fleisch ist blass und dünn. Der lange schlanke Stiel ist genauso wie der Hut gefärbt und besitzt etwa in der Mitte einen weißen faserigen Ring. Vorkommen in ganz Mittel- und Nordeuropa, auf Pferdemist, von Mai bis November. ▲ Ungenießbar.

Glocken-Düngerling *Panaeolus papilionaceus* 10 cm

Dieser Pilz verändert bei Austrocknung deutlich seine Färbung. Der glockenförmige Hut wird etwa 3 cm breit, ist jung schmutzig braun und wird später allmählich, besonders bei Trockenheit, blass cremig ockerfarben mit einer dunkleren Hutmitte. Der Hutrand hat in frischem Zustand einen Kragen aus weißen Fasern. Die Lamellen sind angewachsen und schwarz. Der steife, zähe Stiel ändert trocken seine Farbe an der Spitze von dunkelbraun zu cremefarben. Vorkommen in ganz Nord- und Nordwesteuropa, auf gedüngtem Grasboden, fast das ganze Jahr über. ▲▲ **Giftig!**

Runzliger Düngerling *Panaeolus campanulatus* 10 cm

Der Hut dieser zierlichen *Panaeolus*-Art wird im Durchschnitt 3 cm breit und ist halbkugelig rund oder eher noch halboval im Umriss. Er ist lederbraun gefärbt, wird zur Mitte hin dunkler und ist bei feuchter Witterung leicht klebrig. Die Lamellen sind angewachsen, graubraun und werden bei Ausbildung der Sporen deutlich dunkler. Der Stiel ist ziemlich lang, schlank und ebenfalls graubraun gefärbt. Die Stielbasis kann je nach Art des Standorts verdreht und auch gekrümmt sein. Vorkommen in ganz Europa, selten zahlreich, auf stickstoffreichen Grasflächen, von August bis Oktober. ▲▲ **Giftig!**

Wurzelnder Zärtling *Psathyrella microrhiza* 10 cm

En zierlicher schlanker Pilz, dessen Hut etwa 2 cm breit wird. Die Oberfläche ist bei Nässe intensiv braun, sonst gräulich braun gefärbt, der Rand ist manchmal etwas dunkler. Der Hut ist anfangs noch gewölbt, später ausgebreitet und eher glockenartig geformt. Die rötlich braunen Lamellen werden mit der Sporenreife dunkler. Der zarte Stiel ist sehr schlank und blass lederfarben. Vorkommen in ganz Mittel- und Westeuropa, recht häufig, auf offenen Flächen wie Wegrändern oder unbedecktem Boden, von September bis November. ▲ Ungenießbar.

Behangener Faserling *Psathyrella candolleana* 8 cm

Der Behangene Faserling ist ausgesprochen zerbrechlich. Sein Hut wird etwa 5 cm breit, ist anfangs rundlich gewölbt, später weiter ausgebreitet und flach kegelförmig. Die Hutoberfläche ist blass lederbraun bis ockergelb und jung oftmals am Rand noch zart behangen. Der Hut reißt oftmals ein oder zerbricht. Die Lamellen sind gräulich lilafarben, werden mit der Zeit aber dunkelbraun. Der hohle Stiel ist leicht brüchig. Vorkommen in ganz Europa, häufig, an Weg- und Straßenrändern, unter Hecken, entlang Waldschneisen, von Mai bis Oktober. ▲ Ungenießbar.

Wässriger Saumpilz *Psathyrella hydrophila* 10 cm

Der Hut dieser Gruppen bildenden Art wird durchschnittlich 3 cm breit und ist rundlich. Die Oberfläche ist braun gefärbt, bleicht aber mit zunehmendem Alter und bei Trockenheit zu einem hellbraunen Farbton aus. Die Lamellen stehen gedrängt und sind anfangs hellbraun, dunkeln mit der Zeit nach. Der Stiel ist leicht weißlich, zur Basis hin dunkler und je nach Standort oft gebogen und verdreht. Vorkommen in ganz Europa, häufig, in Gärten, unter Hecken, auf Waldschneisen, meist neben verrotteten Baumstümpfen, von September bis Dezember. ▲ Ungenießbar.

Stumpfer Faserling *Psathyrella obtusata* 7 cm

Dieser kleine, kräftig aussehende Waldpilz ist doch recht zerbrechlich. Sein Hut wird durchschnittlich 2 cm breit, ist jung rundlich gewölbt, breitet sich mit der Zeit flach aus. Die Hutoberfläche ist bei Nässe lederbraun, trocken jedoch blasser gefärbt, wobei die Hutmitte meist den kräftig braunen Farbton beibehält. Die Lamellen sind anfangs blassbraun, während der Sporenbildung dann dunkler. Der Stiel ist blässlich und hohl. Vorkommen in ganz Mittel- und Westeuropa, in Wäldern, in der Regel auf kahlem Untergrund, von Mai bis Dezember. ▲ Ungenießbar.

Tränender Saumpilz *Lacrymaria velutina*
(Psathyrella lacrymabunda) 10 cm

Der Hut dieser Pilzart wird im Durchschnitt 8 cm breit, ist hell ockerbraun und nach außen gewölbt. Er ist reichlich mit flaumigen Fasern bedeckt, die den Hutrand fransig säumen. Die Lamellen sind angewachsen und dunkel purpurbraun mit einer weißen Randzone. Sie sind überaus typisch mit kleinen Tröpfchen bedeckt. Der Stiel ist oberhalb seiner Ringzone weiß, darunter braun gefärbt und zusätzlich zur Basis hin geschuppt. Vorkommen in ganz Europa, an grasigen Weg- und Straßenrändern, von Juni bis Oktober.
●▲ Essbar, aber nicht empfehlenswert wegen bitterem Geschmack .

Schneeweißer Tintling *Coprinus niveus* 6 cm

Dieser Pilz ist nur an speziellen Standorten zu finden. Sein Hut wird etwa 3 cm breit, ist anfangs schlank kegelförmig und einem Fingerhut ähnlich, breitet sich später jedoch aus und wird flacher. Dabei rollt der Hutrand allmählich zurück und wird schwarz. Die Oberfläche ist weißlich und wie mit Kreidepulver überzogen. Die Lamellen sind jung noch weißlich und werden allmählich schwarz. Der Stiel ist weiß, an der Basis leicht verdickt. Vorkommen in ganz Europa, stellenweise recht häufig, auf Pferde- oder Kuhmist, von Juli bis November.
▲ Ungenießbar.

Kleiner Rausportintling *Coprinus silvaticus* 8 cm

Der Hut dieser kleinen, gedrungenen Pilzart ist einem Fingerhut ähnlich und wird durchschnittlich 2 cm breit und 2 cm hoch. Er ist oliv- bis lederbraun, die Hutmitte dabei meist dunkler gefärbt. Die Oberfläche ist zusätzlich mit dunklen, radial verlaufenden Linien überzogen, die zum Rand hin deutlicher sichtbar werden. Die Lamellen sind jung weißlich, werden jedoch mit der Sporenreife schwarz. Der Stiel ist weißlich, zur Basis hin lederbraun. Vorkommen lokal in ganz Nordwesteuropa, selten, in kleinen Gruppen auf vergrabenem, morschem Holz, von September bis November. ▲ Ungenießbar.

Glimmeriger Scheibchentintling *Coprinus plicatilis* 7 cm

Dieser Tintling verändert während seiner Entwicklung recht deutlich seine Gestalt und Färbung. Der Hut ist anfangs etwa 1 cm hoch und ausgebreitet 1,5 cm breit. Jung hat er ein fingerhutähnliches Aussehen und ist gelbbraun gefärbt mit dunklerer Mitte. Später breitet er sich flacher, manchmal mit einer eingedrückten Mitte, aus und wird gräulich mit einem deutlich gerillten Rand. Die rosafarbenen Lamellen werden allmählich schwarz. Der Stiel ist weißlich und wird zur Basis hin braun. Vorkommen in ganz Nordwesteuropa, auf Rasenflächen und an Wegrändern oft in Gruppen, von April bis Dezember. ▲ Ungenießbar.

Glimmertintling *Coprinus micaceus* 9 cm

Der Glimmertintling wächst in dichten Trupps. Sein Hut wird etwa 4 cm breit, ist blass ockergelb, zur Mitte hin dunkler, und reichlich mit einem glitzernden Belag überzogen. Die Oberfläche wird jedoch rasch dunkler, und die Velumkörnchen gehen mit der Zeit verloren. Anfangs ist der Hut noch oval, später wird er dann glockenförmig. Die weißen Lamellen stehen frei, werden mit der Zeit aber schwarz. Das Fleisch ist weißlich grau, der Stiel weiß und glatt. Vorkommen in ganz Nord- und Westeuropa, häufig, zu mehreren auf Holz, von Juni bis November. ●▲ Essbar, aber nicht empfehlenswert (nur junge Exemplare, nie zusammen mit Alkohol).

Spechttintling *Coprinus picaceus* 25 cm

Auch der Hut dieser Art ist einem Fingerhut ähnlich. Anfangs ist er etwa 6 cm hoch und dehnt sich allmählich auf etwa 8 cm aus. Jung ist er von einem weißen, flockigen Velum bedeckt, das bei der Hutstreckung aufreißt und die graubraune Huthaut erscheinen lässt; gleicht dann einem Spechtgefieder. Die rosafarbenen Lamellen werden zur Sporenreife dunkler und verflüssigen sich schließlich. Der Stiel ist weiß, an der Basis knollig. Vorkommen in ganz Europa, sehr lokal, meist unter Buchen auf Kalkboden, von August bis Oktober. ▲▲ **Giftig!**

Hasen-Tintling *Coprinus lagopus* 12 cm

Ein recht unauffälliger Waldpilz. Sein Hut ist im frühen Stadium fast zylindrisch, durchschnittlich 3 cm lang, blass gräulich und dabei von einem weißlichen Staub, bestehend aus Velumresten, bedeckt. Mit der Zeit weitet er sich zu einer Breite von etwa 4 cm aus und wird dabei dunkler grau und radial gerieft. Die Lamellen sind blass, werden jedoch rasch schwarz. Der Stiel ist weiß und an der Basis knollig verdickt. Vorkommen in ganz Nordwesteuropa, selten zahlreich, hauptsächlich in Laubwäldern, von August bis Oktober. ●▲ Essbar, aber nicht empfehlenswert.

Grauer Faltentintling/Knotentintling
Coprinus atramentarius 16 cm

Dieser Tintling ist mittelgroß und wächst oft büschelig. Der Hut wird etwa 7 cm breit, ist gräulich weiß, wird jedoch sehr rasch schwarz. Er ist eiförmig, gefurcht und öffnet sich nicht vollständig. Die weißen Lamellen stehen frei, werden bald schwarz und verflüssigen sich zu einer „Tinte", die tatsächlich zum Schreiben genutzt werden kann. Der Stiel ist zylindrisch, lang und sehr dünn. Vorkommen in ganz Europa, in Waldschneisen, auf Wiesen und Wegen, von Juli bis November. ●▲ Jung essbar, aber bei Alkoholgenuss 1–2 Tage vor und nach dem Essen Vergiftungserscheinungen.

Gesäter Tintling *Coprinus disseminatus* 4 cm

Dieser kleine Pilz steht oft in großen Klumpen bis zu fünfzig Exemplaren. Der junge Pilzhut ist einem etwa 1 cm langen Fingerhut ähnlich. Die Oberfläche ist gräulich lederfarben, tief gefurcht und dehnt sich mit der Zeit aus. Die Lamellen sind weißlich, werden aber mit der Sporenreife bald dunkel, verflüssigen sich jedoch nicht. Der weißliche, filzige Stiel bleibt fast ganz unter dem Hut verborgen. Vorkommen in Mittel- und Westeuropa, auch Südengland, häufig, an morschen Laubbaumstümpfen, von Mai bis November.
▲ Ungenießbar.

Schopftintling *Coprinus comatus* 30 cm

Dieser populäre Pilz wird oft auch Spargelpilz genannt. Sein Hut wird etwa 10 cm lang, ist weiß, an der Spitze leicht bräunlich. Er ist länglich oval und haarig geschuppt. Die Schuppen stehen mit der Zeit deutlicher ab. Die frei stehenden Lamellen sind rosafarben, werden zur Sporenreife schwarz und dann flüssig, sodass der Regen sie abspülen kann. Das Fleisch und der längliche Stiel sind jung noch weiß. Vorkommen in ganz Europa, auf Grasflächen aller Art, von Mai bis Oktober.
●● Essbar und sehr schmackhaft, solange die Lamellen noch rein weiß sind.

Karbol-Egerling *Agaricus xanthodermua*
15 cm

Dieser ungenießbare Pilz, auch als Karbolchampignon bekannt, wird leicht mit dem essbaren echten Champignon verwechselt. Der Hut wird etwa 10 cm breit, ist ähnlich weiß, färbt sich aber an Druckstellen leuchtend gelb. Die weißlich bis rosafarbenen Lamellen sind anfangs grau, werden dann schwarz. Sie sind frei oder leicht angewachsen. Das angeschnittene Fleisch wird an der Stielbasis rasch gelb und riecht unangenehm. Der Stiel hat einen Ring. Vorkommen in ganz Europa, auf kultivierten Wiesen und Weiden, von Juli bis November. ▲▲ **Giftig!** Verursacht üble Darmverstimmungen.

Waldegerling/Kleiner Blutegerling *Agaricus silvaticus*
10 cm

Der Hut dieses auffälligen Speisepilzes erreicht vollständig ausgebreitet etwa 8 cm, ist breit rundlich gewölbt und hellbraun gefärbt. Diese Grundfarbe wird durch dunkelbraune Schuppen und Fasern matt überzogen. Die rosafarbenen Lamellen werden mit der Zeit dunkler. Das Fleisch läuft angeschnitten rot an. Der Stiel ist weißlich und unter dem Ring mit ziemlich groben Schuppen bedeckt. Vorkommen in ganz Nordeuropa, lokal häufiger, in Nadel- und gelegentlich Mischwäldern, von Juli bis Oktober. ●● Essbar, sehr schmackhaft.

Dünnfleischiger Anischampignon *Agaricus silvicola* 9 cm

Der Hut dieses Waldpilzes wird durchschnittlich 10 cm breit, ist gelblich weiß, glatt und glänzend. Jung ist er rundlich gewölbt, wird aber mit zunehmendem Alter breiter und flacher. Die Lamellen sind frei, gräulich rosafarben und werden mit der Zeit dunkler. Der Stiel hat dieselbe Färbung wie der Hut, ist an der Basis knollig verdickt und besitzt einen großen Ring. Das Fleisch ist recht dünn. Der ganze Pilz riecht in frischem Zustand anisartig. Vorkommen in ganz Nordeuropa, in Laub- und Nadelwäldern, von September bis November. ●● Essbar, sehr schmackhaft.

Riesen-Egerling *Agaricus augustus* 20 cm

Der Hut dieser bemerkenswerten Pilzart wird etwa 15 cm breit, ist anfangs rundlich gewölbt, breitet sich aber mit der Zeit flach aus. Die Hutoberfläche ist lederfarben und mit zahlreichen winzigen dunkelbraunen Schuppen bedeckt. Die Hutmitte erscheint dadurch dunkler. Die weißlichen Lamellen werden allmählich braun. Das Fleisch schmeckt angenehm und typisch pilzig. Der Stiel ist hohl, weißlich und unter dem Ring mit Schuppen bedeckt. Vorkommen verbreitet in West- und Mitteleuropa, recht häufig, nur in wärmeren Regionen in Laub- und Nadelwäldern vor allem an Waldrändern, von August bis Oktober. ●● Essbar, sehr schmackhaft.

Parasolpilz/Riesenschirmling *Macrolepiota procera*
(Lepiota procera) 30 cm

Beeindruckend, durch seine Größe bekannt. Sein Hut wird bis zu 25 cm breit, ist lederfarben, mit braunen Schuppen bedeckt. Jung ist er eiförmig, breitet sich dann schirmartig mit zentralem Buckel aus. Die Lamellen sind weiß und frei. Der Stiel ist zylindrisch, hohl, bräunlich gefärbt und später durch das schuppige Aufplatzen der Oberhaut braun genattert. Er hat einen auffallend großen, doppelten Ring, der sich auf dem Stiel verschieben lässt. Vorkommen in ganz Europa, häufig, auf Grasflächen aller Art, von Juli bis November. ●● Essbar, sehr schmackhaft.

Stinkschirmling *Lepiota cristata* 4 cm

Der Stinkschirmling verbreitet einen sehr üblen Geruch. Sein Hut wird etwa 4 cm breit und ist blass lederfarben bis gebrochen weiß. Er hat einen zentralen, dunkel rötlich braunen Buckel; ähnlich gefärbte Schuppen sind in Zonen unregelmäßig auf der gesamten Hutoberfläche verteilt und bilden dabei gelegentlich konzentrische Ringe. Die Lamellen sind weiß und frei. Das Fleisch riecht zerkleinert nach Teer. Der Stiel ist schlank, grau lederfarben und hat einen Ring. Vorkommen in ganz Europa, selten häufig, auf Waldschneisen sowie unter Hecken, von August bis Oktober.
▲▲ **Giftig!**

Safranschirmling *Macrolepiota rachodes (M. rhacodes)* 15 cm

Dieser große und beeindruckende Pilz wird auch Rötender Schirmling genannt. Der Hut kann vollständig ausgebreitet bis zu 20 cm im Durchmesser erreichen, ist blass lederfarben und mit zottigen blassbraunen Schuppen besetzt. Zunächst eiförmig, breitet er sich schirmartig, zentral leicht gebuckelt, aus. Die Lamellen sind frei und ebenso wie auch das Fleisch weiß. Der Stiel ist nicht gemustert, bräunlich und zeigt am oberen Ende einen doppelten Ring. Vorkommen in ganz Europa, häufig, auf grasigen Waldschneisen und unter Hecken, von Juli bis Oktober. ● Essbar, Unverträglichkeiten sind aber möglich.

Spitzschuppiger Schirmpilz *Lepiota friesii* 8 cm

Der Hut dieses Waldparasolpilzes wird ausgebreitet bis zu 7 cm breit. Als junger Pilz ist er ei- bis glockenförmig. Die Hutoberfläche hat eine blass braune Grundfarbe, die mit dunkelbraunen Schuppen überdeckt ist, wobei die Mitte besonders dunkel erscheint. Die Lamellen stehen frei und sind, wie auch das Fleisch, weiß. Der Stiel ist braun und trägt einen deutlich sichtbaren Ring; oberhalb von ihm ist er blasser gefärbt, im unteren Teil mit wenigen dunkelbraunen Schuppen. Die Stielbasis ist meist verdickt. Vorkommen in ganz Nordwesteuropa, selten zahlreich, in Laubwäldern, von September bis November. ▲ Ungenießbar.

Fransiger Wulstling *Amanita strobiliformis (A. solitaria)* 12 cm

Der leicht gewölbte bis flach ausgebreitete Hut dieser ungewöhnlichen Pilzart wird etwa 12 cm breit. Er ist weißlich bis hellgrau lederfarben und mit großen filzigen Schuppen bedeckt, die über den Hutrand hinausragen können. Die Lamellen sind frei und ebenso wie das Fleisch weiß. Auch der kräftige Stiel ist weiß, struppig, filzig geschuppt und hat einen Ring. Die verdickte Basis ist von Resten der Volva eingehüllt. Vorkommen in ganz Mittel- und Westeuropa, aber lokal, in Waldnähe auf Kalkböden, von Juli bis Oktober.
● Essbar, doch leicht mit giftigen Arten zu verwechseln.

Pantherpilz *Amanita pantherina* 11 cm

Der Pantherpilz ist eine recht attraktive Pilzart. Sein Hut wird etwa 7 cm breit, ist braun gefärbt und mit weißen Flecken übersät, die Reste der Gesamthülle sind. Anfangs noch rundlich, breitet sich der Hut mit der Zeit aus und wird dabei zunehmend flacher. Die Lamellen sind weiß und stehen frei. Das Fleisch wie auch der Stiel sind weiß. Letzterer trägt oft eine Manschette und endet in einer wulstig geränderten Knolle. Angeschnitten verfärbt er sich nicht. Vorkommen in ganz Europa, lokal häufig, in Laub-, selten auch in Nadelwäldern, sehr oft unter Buchen, von Juli bis November.
▲▲ Sehr giftig!

Grüner Knollenblätterpilz *Amanita phalloides* 12 cm

Einer der gefährlichsten Giftpilze. Schon der Genuss eines einzigen
Hutes kann tödlich sein. Der reife Pilz riecht penetrant süßlich. Der
Hut wird bis zu 12 cm breit, ist weißlich, in der Mitte durch radial
verlaufende grüne oder gelbe Fasern etwas dunkler. Die Lamellen
sind frei und ebenso wie das Fleisch weiß. Der weiße Stiel weist meist
einen Ring auf; oft bleiben diese Velumreste aber auch am Hutrand
hängen. Die Volva umhüllt die Stielbasis. Vorkommen in ganz Europa, lokal in Großbritannien, in Wäldern, gern unter Eichen und
Buchen, von Juli bis November. ▲▲ **Extrem giftig!** Selbst die
Berührung vermeiden! Giftwirkung setzt erst nach 6–24 Stunden ein.

Gelber Knollenblätterpilz *Amanita citrina* 7 cm

Auf den ersten Blick dem
Grünen Knollenblätterpilz
recht ähnlich. Der Hut wird
etwa 6 cm breit, ist zitronengelb gefärbt und mit großen
weißen bis gelbbraunen Velumresten bedeckt. Die fast frei stehenden
Lamellen und das Fleisch sind weiß. Der Stiel ist recht lang und weist
einen Ring auf. Die knollig verdickte Stielbasis ist von einer Volva umhüllt. Der gesamte Pilz riecht, vor allem angeschnitten, nach rohen
Kartoffeln. Vorkommen in ganz Europa, häufig, in den meisten Wäldern, von August bis November. ▲▲ **Giftig!**

Perlpilz *Amanita rubescens* 15 cm

Auch als Rötender Wulstling bekannt. Sein Hut wird durchschnittlich 8–10 cm breit, ist blassbraun und mit grauen Velumresten gesprenkelt. Die Lamellen sind frei und wie das Fleisch weiß. Der ebenso weiße Stiel wird mit der Zeit rötlich und besitzt einen Ring, der am unteren Rand leicht ausgefranst ist. An der Basis keulig verdickt und von einer typischen Volva umgeben. Vorkommen in ganz Europa, sehr häufig, in Waldgebieten, von Juni bis Oktober. ●▲ Abgekocht essbar, aber leicht mit dem überaus giftigen Pantherpilz zu verwechseln.

Fliegenpilz *Amanita muscaria* 18 cm

Der Fliegenpilz ist sicherlich der generell bekannteste Giftpilz. Seinen Namen verdankt er der nicht zutreffenden Eigenschaft, in Milch aufgelöst als Fliegengift zu wirken. Der Hut wird bis zu 15 cm breit, ist leuchtend rot und meist mit flockigen Velumresten versehen. Nach heftigem Regen können diese weißen Tupfer fortgewaschen und die rote Färbung orange verblichen sein. Die frei stehenden Lamellen sind wie das Fleisch und der beringte Stiel weiß. Vorkommen in ganz Nord- und Mitteleuropa, häufig, in Wäldern, bei Birken sowie in der Heide, von August bis November. ▲▲ **Giftig!**

Grauer Wulstling *Amanita excelsa (A. spissa)* 12 cm

Diese Pilzart ähnelt im Aussehen dem Panther- wie auch dem Perl-pilz. Der Hut wird etwa 9 cm breit, ist gräulich braun gefärbt und mit großen, gräulich weißen Velumflocken bedeckt, die bei starkem Regen meist verloren gehen. Die Lamellen und das Fleisch sind weiß und laufen an Druckstellen nicht an. Der hellbraune Stiel hat eine knollig verdickte Basis und einen etwas blasseren gefurchten Ring. Vorkommen in ganz Europa, oft häufig, in Wäldern aller Art, von Juli bis November. ●▲ Abgekocht essbar, jedoch leicht mit gif-tigen Arten zu verwechseln; deshalb nicht empfehlenswert.

Rauer Wulstling *Amanita aspera* 10 cm

Dieser Pilz ist wärmeliebend und eher im Süden anzutreffen. Sein Hut ist vollständig ausgebildet etwa 8 cm breit. Anfangs ist er eiför-mig oder gewölbt, breitet sich aber flacher aus. Die Oberfläche ist strohgelb bis lederfarben und mit schmutzig gelben warzigen Ve-lumschuppen besetzt. Die angewachsenen Lamellen wie auch das Fleisch, das an Druckstellen braun anläuft, sind weiß. Der kräftige Stiel ist am unteren verdickten Ende von einer typischen Volva um-geben. Vorkommen in ganz Süd- und Westeuropa, lokal, in Laub-wäldern, von September bis November. ▲ Ungenießbar.

94

Rotbrauner Scheidenstreifling *Amanita fulva* 12 cm

Diese Pilz ist eine der vergleichbar wenigen relativ harmlosen *Amanita*-Arten. Der Hut wird etwa 5–8 cm breit, ist gelbbraun gefärbt und am Hutrand deutlich radial verlaufend gefurcht. Die Lamellen und das Fleisch sind weiß. Der Stiel ist recht lang und besitzt keinen Ring, dafür aber eine auffallend große Volva um die Stielbasis herum. Vorkommen in ganz Europa, lokal häufig, in Nadel- und Laubwäldern, oft unter Eichen, von Juni bis November. ●▲ Roh giftig, abgekocht essbar; sehr leicht mit giftigeren verwandten Arten zu verwechseln und deshalb nicht empfehlenswert.

Grauer Scheidenstreifling *Amanita vaginata* 15 cm

Dieser Pilz ist flüchtig betrachtet *Amanita fulva* ähnlich. Der Hut wird bis zu 8 cm breit, ist jung rundlich gewölbt, wird mit der Zeit jedoch flacher. Die Oberfläche ist graubraun gefärbt und entlang dem Hutrand radial gefurcht. Die Lamellen und das Fleisch sind weiß. Der blassbraune Stiel ist schlank, glatt und ohne Ring. Die Stielbasis ist von einer Volva umhüllt. Vorkommen in ganz Europa, lokal häufig, in Laubwäldern, von Juli bis November. ●▲ Abgekocht essbar, aber sehr leicht mit giftigeren verwandten Arten zu verwechseln.

Riesen-Scheidenstreifling *Amanita celiciae inaurata*
(A. strangulata) 12 cm

Der Hut dieser Pilzart wird vollständig ausgebildet etwa 10 cm breit. Anfangs ist er rundlich gewölbt, wird später aber flacher. Die Oberfläche ist orangebraun gefärbt und mit großen flockigen graubraunen Velumresten bedeckt, die zur Mitte hin dichter sind. Der Hutrand ist meist blass und radial gefurcht. Die Lamellen und das Fleisch sind weiß. Der Stiel ist schmutzig weiß bis gräulich, mit faserigen Härchen bedeckt. Die Stielbasis umgibt eine Volva. Vorkommen in ganz Europa, recht selten, in Wäldern, von Juni bis September. ●▲ Essbar, aber Verwechslung mit giftigen Arten möglich.

Stinkmorchel *Phallus impudicus* 15 cm

Dieser auffallende und unverwechselbare Pilz besteht jung aus einem weichen, etwa 4–6 cm großen weißlichen „Hexenei" mit einer dicken gallertartigen Hülle. Bei Reife reißt die Hülle auf, und innerhalb weniger Stunden wächst daraus ein Fruchtkörper hervor. Er besteht aus einem weißen, hohlen, porösen Stiel, auf dessen Spitze ein ovales Köpfchen mit einer bräunlich grünen Sporenmasse sitzt. Diese Gleba verbreitet einen aasartigen Geruch, der Insekten herbeilockt. Vorkommen in ganz Europa, häufig, in Laubwäldern, auch im Nadelwald von Mai bis September. ▲ Ungenießbar.

Dünenstinkmorchel *Phallus hadrianii* 12 cm

Diese Pilzart ist der nahe verwandten Stinkmorchel sehr ähnlich.
Der junge Pilz ist ein 3–5 cm großes, rosafarbenes, mit einer gallertartigen Masse gefülltes „Hexenei". Ausgereift reißt die Hülle,
und in wenigen Stunden richtet sich ein Fruchtkörper auf. An der
Spitze befindet sich ein ovales Köpfchen, bestehend aus einem
bräunlich grünen Schleim, in dem die Sporen sitzen. Diese kleine-
re Gleba riecht sehr süßlich und lockt Insekten zur Sporenverbreitung herbei. Vorkommen lokal in ganz Europa, recht selten, auf Dü-
nenlandschaften beschränkt, von Juli bis Oktober. ▲ Ungenießbar.

Hundsrute *Mutinus caninus* 10 cm

Ein ungewöhnlicher
Pilz, ähnelt der Stink-
morchel. Zunächst ent-
deckt man am Boden
zwischen Laub ein un-
scheinbares, etwa 2 cm
großes „Hexenei". Da-
raus erhebt sich bei Rei-
fe rasch ein Fruchtkör-
per mit einem Hut, der
mit grünem Sporen-
schleim überzogen ist.
Der Stiel ist zart oran-
gefarben. Nach Ver-
schwinden der klebri-
gen Gleba ist die Spitze
leuchtend orange ge-
färbt. Vorkommen in
ganz Europa, selten be-
sonders zahlreich, in
Laubwäldern, von Au-
gust bis November. In
der Nähe eines Pilzes
sind oft noch weitere
„Eier" verborgen.
▲ Ungenießbar.

Tiegelteuerling *Crucibulum vulgare (C. laeve)*
7 mm

Dieser winzige Pilz gleicht einem kleinen Vogelnest, anfangs von einem orangefilzigen Deckel verschlossen. Der Fruchtkörper bildet im reifen Zustand einen tiegelförmigen Becher, der innen glatt und gelblich grau, außen schwach filzig ist. Darin befinden sich etwa zehn weißliche, abgeflachte „Eier". Diese so genannten Peridiolen enthalten Sporen und sind mit feinen Fasern an den Hut geheftet. Reif werden sie durch auftreffende Regentropfen gelöst und hinausgeschleudert. Vorkommen in ganz Europa, sehr lokal, auf totem Holz, von August bis April. ▲ Ungenießbar.

Gestreifter Teuerling *Cyathus striatus* 1 cm

Auch dieser winzige Teuerling ähnelt von oben betrachtet einem kleinen Vogelnest. Er bildet reif einen bis zu 0,75 cm breiten, nach oben offenen kegelförmigen Becher, der innen gräulich weiß und längs gefurcht ist. Außen ist er mit braunem Filz bedeckt. In diesem Becher befinden sich einige weißliche abgeflachte „Eier", die an den Hut genabelt sind und Sporen enthalten. Durch einfallende Regentropfen werden diese Peridiolen ausgereift schließlich herausgeschleudert. Vorkommen in ganz Europa, lokal, auf totem Holz, von Mai bis Oktober. ▲ Ungenießbar.

Topfteuerling *Cyathus olla* 15 mm

Der Pilz sieht seinen verwandten Arten ähnlich, bevorzugt aber völlig andere Standorte. Reif ist der Fruchtkörper nach oben glockenförmig offen und etwa 10 mm breit. Der Hutrand rollt sich leicht zurück. In diesem Topf befinden sich einige gräuliche abgeflachte Peridiolen („Eier"). Diese enthalten Sporen und hängen anfangs an der Hutwand fest. Ausgereift werden sie durch einfallende Regentropfen hinausgeschleudert. Vorkommen in ganz Europa, oft übersehen, auf kahler Erde und Pflanzenresten, von März bis Oktober.

▲ Ungenießbar.

Dickschaliger Kartoffelbovist *Scleroderma citrinum* *(S. auranticum)* Breite 10 cm

Dieser auffällige Pilz sieht einem abgenutzten Tennisball ähnlich. Der Fruchtkörper ist fast kugelförmig, mit einer dicken Haut, die außen dunkel ockerbraun und mit groben, flockigen Schuppen bedeckt ist. Mit zunehmender Reife dehnt er sich aus, reißt ein und zeigt dabei allmählich die gelbe Innenseite. In seiner Mitte birgt er eine schwarze Sporenmasse. Mangels einer Öffnung zum Entlassen der Sporen reißt er eher unregelmäßig auf. Vorkommen in ganz Europa, häufig, in Wäldern, von August bis November.

▲▲ **Giftig!**

Halskrausen-Erdstern *Geastrum triplex* Breite 10 cm

Dieser faszinierende Pilz sieht anfangs wie eine braune Zwiebel aus.
Die äußere Hülle reißt bald in 4 bis
7 Lappen auf und biegt sich stern-
förmig nach unten. Oft zerbre-
chen die dickfleischigen Lappen dabei und bilden eine zentrale
Scheibe mit einem Kragen, in deren Mitte eine mit Sporen gefüllte
Kugel sitzt. Diese hat oben eine Öffnung, durch welche die Sporen
nach außen schießen, wenn der Pilz von Regentropfen getroffen
wird. Vorkommen in ganz Europa, lokal, in Wäldern oder unter Hecken, von August bis November. ▲ Ungenießbar.

Flaschenstäubling *Lycoperdon perlatum* 8 cm

Der namengebende keulenförmige
Fruchtkörper wird an seiner weite-
sten Stelle 2–3 cm breit. Anfangs ist
er noch rein weiß, wird aber bald
gelblich braun. Die Oberfläche ist
mit derben, von kleinen Warzen umgebenen Stacheln bedeckt, die
leicht abfallen und ein netzartiges Muster hinterlassen. Die einge-
schlossene Sporenmasse ist anfangs weiß, später gräulich schwarz.
Reif bildet sich am Scheitel eine Öffnung, durch die bei Druck die
Sporen hinausschießen. Vorkommen in ganz Europa, in Wäldern,
von Juli bis November. ●▲ Jung essbar.

Birnenstäubling *Lycoperdon pyriforme* 5 cm

Dieser kleine, birnenförmige Stäubling, tritt meist in größeren Gruppen auf. Seine Breite ist sehr variabel und beträgt durchschnittlich 2–3 cm; meist wird er nicht viel größer. Der Fruchtkörper ist mit sehr kleinen Stacheln besetzt, die leicht abfallen und eine glatte Oberfläche hinterlassen. Die reifen dunklen Sporen gelangen bei einem heftigen Regenfall oder Windstoß durch eine kleine zentrale Öffnung ins Freie. Vorkommen in ganz Europa, in Wäldern, ausschließlich auf morschen Laubbaumstümpfen oder gefällten Stämmen, von August bis November. ●▲ Essbar, solange das Fleisch weiß ist.

Igelstäubling *Lycoperdon echinatum* 5 cm

Der Igelstäubling ist ein recht ungewöhnlicher Pilz. Der Fruchtkörper variiert im Aussehen je nach Reifezustand von birnenförmig bis kugelig rund, auf einem dicken Stiel sitzend. Seine Breite liegt bei 2–4 cm im Durchmesser. Die Oberfläche des noch jungen Fruchtkörpers ist dicht mit igelgleichen Stacheln besetzt, die sich bei älteren Exemplaren leicht ablösen und ein mosaikartiges Muster hinterlassen. Vorkommen in ganz Europa, sehr lokal, in Laubwäldern, gern unter Buchen, von Juli bis Oktober.
●▲ Junge Exemplare mit weißem Fleisch essbar.

Riesenbovist *Langermannia gigantea* Breite 50 cm

Der Riesenbovist ist ein beeindruckend großer Stäubling, der bis zu 10 Kilogramm schwer werden kann. Er ähnelt einem großen, cremeweißen, glatten Fußball mit einer ledrigen Außenhaut. Der Pilz wird zunehmend dunkler, reißt auf und wird dann z.B. durch Weidevieh herumgetreten, so dass kleine Wolken brauner Sporen austreten können. Vorkommen in ganz Europa, lokal häufig, auf fetten Wiesen und Weiden, von August bis Oktober. ●● Essbar, besonders wohlschmeckend, solange er jung und das Fleisch noch weiß ist, in Scheiben geschnitten und gebraten.

Beutelstäubling *Calvatia excipuliformis* 15 cm

Dieser wie ein Mörser geformte Pilz ist leicht zu identifizieren. Der Fruchtkörper ist ein rundlicher, manchmal fast kugeliger Kopf, der 4–10 cm breit wird und auf einem langen kräftigen Stiel sitzt. Die Hutoberfläche ist mit flockigen warzigen Schuppen bedeckt, die sich mit der Zeit verlieren. Anfangs in der Grundfarbe gebrochen weiß bis cremefarben, später dann bräunlich, wenn obenauf ein Hautriss die Sporen entweichen lässt. Vorkommen in ganz Europa, sehr lokal, in Wäldern, von September bis November. ●▲ Essbar als Jungpilz.

Herbsttrompete *Craterellus cornucopioides* 10 cm

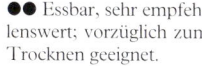

Dieser oft ramponiert wirkend erscheinend Speisepilz wird auch Totentrompete genannt. Der trichterförmige Hut ist etwa 8 cm breit und unregelmäßig gefaltet, am Rand gezackt. Die Innenseite ist bei Nässe dunkel, trocken etwas heller. Die Sporen tragende Außenseite ist grau und anstelle von Lamellen nur leicht gerunzelt. Der Hut geht fast übergangslos in den kräftigen, spitz zulaufenden Stiel über, was das trompetenähnliche Aussehen noch verstärkt. Vorkommen in ganz Europa, in Wäldern, gern unter Buchen, von August bis November.
●● Essbar, sehr empfehlenswert; vorzüglich zum Trocknen geeignet.

Pfifferling *Cantharellus cibarius* 10 cm

Der Pfifferling ist ein sehr bekannter und beliebter Speisepilz. Sein Hut wird etwa 7 cm breit und ist leuchtend dottergelb. Zunächst ist er rundlich, tendiert aber mit zunehmendem Alter zur typischen Trichterform. Die Unterseite scheint Lamellen zu tragen; es sind jedoch tatsächlich nur hellere längsseitige Furchen, in denen die Sporen sitzen. Der Stiel ist kurz, kräftig und blasser als der Hut gefärbt. Der Pilz riecht angenehm aprikosen- oder mirabellenartig. Vorkommen in ganz Europa, lokal häufig, in Wäldern, von Juni bis November.
●● Essbar, sehr empfehlenswert.

Trompetenpfifferling *Cantharellus tubaeformis* 8 cm

Der Hut des jungen Pilzes (auch *C. infundibuliformis* genannt) ist abgeflacht mit einer eingedrückten Mitte. Mit der Zeit breitet er sich dann auf etwa 4 cm aus. In der Regel ist der ausgereifte Pilz trichterförmig, gelegentlich kann er auch krausig gewellt oder seitlich verzerrt sein. Die Hutoberfläche ist schokoladenbraun. Auf der Unterseite befinden sich lamellenähnliche Leisten, die blass und von einem feinen, Adern ähnlichen Netzwerk überzogen sind. Der Stiel ist gelblich gefärbt. Vorkommen in ganz Europa, in allen Wäldern, von Juli bis November. ●● Essbar, sehr empfehlenswert.

Heidekeule *Clavaria argillacea* 5 cm

Die sehr schmalwüchsige Heidekeule sieht wie ein Radiergummi aus und wird oft übersehen. Der Fruchtkörper ist unregelmäßig keulenförmig, ungefähr 5 mm breit und zur Basis hin verjüngt. Oben endet er abrupt und ist im Scheitelpunkt oft gerieft. Meist ist er gelblich gefärbt und tritt oft in einer kleinen, dicht gedrängt stehenden Gruppe auf. Stiel dunkler als Fruchtkörper. Vorkommen in ganz Europa, selten zahlreich, meist auf Heideflächen und Trockenrasen, in niedrigwüchsiger sowie moosiger Umgebung, von Juli bis Oktober.
▲ Ungenießbar.

Binsenkeule *Clavaridelphus junceus (Clavaria juncea)*
8 cm

Dieser fadenähnliche zierliche Pilz gleicht so sehr einer pflanzlichen Faser oder überhaupt einem Pflanzenteil, dass er fast immer übersehen wird, es sei denn, es wird gesondert nach ihm gesucht. Der blass lederbraun gefärbte Fruchtkörper ist unglaublich dünn, der Länge nach sehr gleichmäßig dick und zur Spitze hin verjüngt. Vorkommen in ganz Europa, in Waldlandschaften aller Art, auf verfaulenden Zweigen, zwischen zu Boden gefallenem Laub (oft sitzen zahlreiche Fruchtkörper in einer Reihe auf einem Holzstück) von September bis Oktober. ▲ Ungenießbar.

Kammförmige Koralle *Clavulina coralloides (C. cristata)* 7 cm

Die Kammförmige Koralle ist eine sehr ansehnliche Pilzart. Der Fruchtkörper bildet kleine büschelige Gruppen von verdrehten und gebogenen Keulen, deren Enden zusätzlich noch kammähnlich in zahlreiche kleine Spitzen aufgelöst sind. In seinem gesamten Erscheinungsbild kommt er dem Aussehen einer Koralle sehr nahe. Der Pilz ist meist rein weiß, wird aber mit zunehmendem Alter an den Spitzen dunkler. Vorkommen in ganz Nordwesteuropa, in Laub- und Nadelwäldern auf dem Waldboden, von August bis November. ●▲ Essbar, aber nicht empfehlenswert.

Aprikosenfarbenes Keulchen *Clavulinopsis luteoalba* 6 cm

Dies ist ein sehr schöner, beeindruckender Pilz. Sein Fruchtkörper ist eine orangegelb gefärbte Spindel, die oben stumpf endet und etwa 3 mm dick wird. Die Spitze kann gerieft sein, leicht abgeflacht und ist oft heller als der restliche Fruchtkörper. Der Pilz erscheint oft in kleinen Gruppen, die einzelnen Fruchtkörper sind je nach Standort oftmals gebogen oder verdreht. Vorkommen in ganz Nordwest- und Nordeuropa, sehr häufig, in kurzem Gras oder auf moosigem Untergrund wie Rasen, an Wegrändern von September bis November.
▲ Ungenießbar.

Herkuleskeule *Clavariadelphus pistillaris* 30 cm

Die Herkuleskeule ist eine große und ungewöhnlich aussehende Pilzart. Die keulenförmige Gestalt erinnert an einen Blütenstempel. Der Fruchtkörper ist lang, geschwollen und an den dicksten Stellen leicht runzelig. Dort erreicht er einen Durchmesser von 5 cm oder mehr. Die Oberfläche des Fruchtkörpers ist rötlich braun bis dunkel lederfarben. Er erscheint meist in kleineren Gruppen. Vorkommen in ganz Europa, stets sehr lokal, in Laubwäldern, bevorzugt unter Buchen auf Kalkboden, von September bis November.
▲ Ungenießbar.

Röhrige Keule *Clavariadelphus fistulosus* 25 cm

Der Fruchtkörper diese Waldpilzes ist sehr lang, extrem dünn und hohl. Zur Basis hin ist er leicht verjüngt, zur Spitze hingegen vom Umfang her leicht zunehmend. Der Scheitelpunkt ist meist sehr spitz und geknickt. Der Fruchtkörper ist orange- bis lederfarben, wobei die Färbung zur Spitze hin an Intensität noch zunimmt. Seine Basis ist abhängig vom Standort oft krumm oder verdreht. Vorkommen in ganz Europa, stets lokal und selten, auf morschen Zweigen von Laubbäumen, besonders auf Buchenzweigen, von September bis Februar. ●▲ Essbar, aber nicht empfehlenswert.

Steife Koralle *Ramaria stricta* 10 cm

Diese recht auffällige Pilzart kommt in ihrem Erscheinungsbild einem kleinen Busch oder einem vielarmigen Kaktus gleich. Der gesamte Pilz ist quasi in unzählige, nach oben gerichtete Nebenzweige aufgespalten. Diese sind relativ steif und blass zimtfarben, die Spitzen sind deutlich heller abgesetzt. Der Pilz riecht süßlich, doch schmeckt er bitterlich und pfeffrig scharf. Vorkommen in ganz Nord- und Westeuropa, durchweg sehr lokal, in Laub- und Nadelwäldern, auf morschen Baumstümpfen und herabgefallenen, halb vergrabenen Ästen, von Juli bis November.
▲ Ungenießbar.

Krause Glucke *Sparassis crispa* 25 cm

Dieser Pilz wird auch Fette Henne genannt. Sein Fruchtkörper wird bis zu 40 cm breit und gleicht im Aussehen einem Badeschwamm oder Blumenkohl. Er setzt sich vielarmig aus bandartig dünnen, gekräuselten Ästchen zusammen, die blass ockergelb bis grau gefärbt sind. Die Oberfläche ist hart und starr. Das Fleisch schmeckt leicht anisartig. Vorkommen in ganz Europa, meist recht lokal und selten zahlreich, an der Basis von toten oder absterbenden Nadelbäumen, von Juli bis November.
●● Gut essbar, wenn jung, allerdings sehr schwer zu putzen.

Eichenschichtpilz *Stereum gausapatum* Breite 4 cm

Der Eichenschichtpilz ist ein recht auffälliger, mattenartig wachsender Pilz, der leicht mit dunkleren Formen vom Gelben Schichtpilz verwechselt werden kann. Der Fruchtkörper sieht flüchtig betrachtet wie eine Flechte aus: Er wächst krustenförmig, fast blattartig angedrückt, und ist ledrig hart. Die Oberseite ist orangebraun, zum Rand hin meist heller gefärbt, und seidig glänzend. Die Sporen bildende Unterseite ist wesentlich dunkler, glatt und läuft bei Verletzung blutrot an. Vorkommen in ganz Mittel- und Nordeuropa, recht häufig, auf morschen Baumstümpfen und Zweigen von Laubbäumen, meist an Eichen, ganzjährig. ▲ Ungenießbar.

Gelber Schichtpilz *Stereum hirsutum* Breite 4 cm

Die Fruchtkörper dieses ungewöhnlichen Pilzes sind feste, biegsame, bis zu 1 mm dicke Lappen. Ihre Farbe variiert stark, meist sind sie auf der Unterseite gelb, oben sehr schön von ocker bis graugelb konzentrisch gezont und mit feinen Härchen bedeckt. Unter den hoch stehenden Lappen kann noch eine zweite Schicht flach auf der Oberfläche eines besetzten Holzstücks aufliegen. Vorkommen in ganz Europa, in Laub- und auch Nadelwäldern und an Holz aller Art, bevorzugt frisch gefällte Baumstämme und frische Buchenstümpfe, schädigt oft Lagerholzbestände, ganzjährig. ▲ Ungenießbar.

Runzeliger Schichtpilz *Stereum rugosum* Breite 4 cm

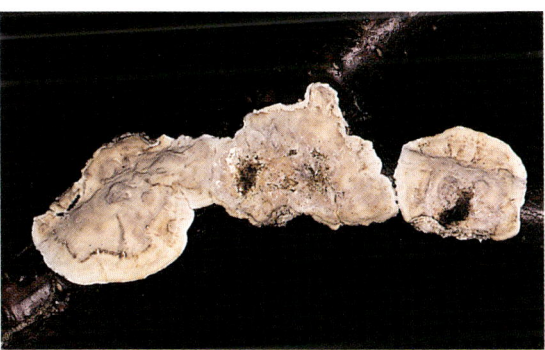

Dies ist ein häufig vorkommender, an Flechten erinnernder Pilz. Er wächst in Form von harten, großflächigen, starren Matten, die etwa 2 mm dick und scheinbar über die ganze Länge am Untergrund angeheftet sind. Die Oberseite ist blass lederfarben bis fast weiß, manchmal mit konzentrischen Zonen versehen, vergleichbar mit auf Papier angetrockneten Wassertropfen. Die Sporen bildende Unterseite ist rosa- bis lederfarben und läuft bei Druck rot an. Vorkommen in ganz Nord- und Mitteleuropa, in Laubwäldern auf Baumstümpfen und herabgefallenem Holz, ganzjährig.
▲ Ungenießbar.

Erdwarzenpilz *Thelephora terrestris* Breite 5 cm

Der fächer- bis rosettenförmige Erdwarzenpilz wächst am Boden. Die Fruchtkörper sind meist etwa 2 mm dick und stehen oft zu mehreren, einander überlappend, zusammen. Die anfangs rötlich braune Grundfärbung wird mit der Zeit dunkler. Die Oberseite ist mit radial verlaufenden Fasern bedeckt, die den Rand fransig weiß erscheinen lassen. Während des Wachstums umschließt er meist wenig wählerisch alles in Bodennähe Erreichbare und besiedelt den Boden oft so dicht, dass er andere Kulturen schwächt. Vorkommen in ganz Nordeuropa, in Verbindung mit Wurzeln von Nadelbäumen, von August bis November. ▲ Ungenießbar.

Semmelstoppelpilz *Hydnum repandum* Breite 8 cm

Dieser Speisepilz wird etwa 8 cm breit und ist blass cremefarben. Auf der Hutunterseite sind anstelle der Lamellen zahlreiche Stacheln, die in ihrer Länge von 4–8 mm variieren können und etwas stärker rosafarben sind. Die Stacheln sind auf halbem Weg zwischen Hutrand und Stiel am längsten, am Stiel dann wieder kürzer und oft herablaufend. Sie sind spröde und leicht abreißbar. Das Fleisch ist käseartig, gelblich weiß und mürbe. Der kräftige Stiel ist weißlich. Vorkommen in ganz Europa, lokal häufig, in Laub- und Nadelwäldern, von Juli bis November. ●● Essbar, empfehlenswert.

Dorniger Stachelbart *Creolophus cirrhatus* Breite 10 cm

Dieser Pilz hat, wie sein Name schon besagt, anstelle der Lamellen Stacheln. Große Exemplare wachsen oft in unförmigen Haufen zusammen und sehen von weitem betrachtet oft wie ein gefrorener Wasserfall aus. Die Fruchtkörper sind muschel- oder konsolenförmig und bis zu 5 cm dick. Die Oberseite ist weißlich lederfarben, uneben oder höckerig, sodass sich oft Laub und Nadeln darin sammeln. Die Unterseite birgt etwas hellere, bis zu 12 mm lange Stacheln. Vorkommen in ganz Europa, ziemlich selten, auf Stümpfen von Laubbäumen, von August bis Oktober.
▲ Ungenießbar.

Ohrlöffelstacheling *Auriscalpium vulgare* 9 cm

Der Hut dieser charakteristischen Pilzart mit einem interessanten Standort ist typisch löffelartig rund, oftmals auch nierenförmig, relativ dick und ledrig. Die Hutoberfläche ist tiefbraun gefärbt und wird mit der Zeit noch dunkler. Die groben Stacheln der Hutunterseite sind anfangs wie der Hut gefärbt, nach der Sporenreife dann aber oft weißlich mit Sporen bestäubt. Der borstig behaarte Stiel ist exzentrisch angewachsen und zur Basis hin verjüngt. Vorkommen in ganz Nordeuropa, in Nadelwäldern auf leicht verrotteten Kiefernzapfen, oft in der Streu verborgen, ganzjährig.
▲ Ungenießbar.

Schuppiger Porling *Polyporus squamosus* Breite 50 cm

Dieser auffälligste Vertreter der Gattung Stielporlinge wird oft sehr groß und wächst konsolenartig, meist in einer größeren Gruppe. Sein Fruchtkörper wird an der Basis bis zu 5 cm dick und ist in reifem Zustand korkähnlich fest. Die Hutoberfläche ist cremefarben mit großen dunkelbraunen Schuppen, die oft in konzentrischen Kreisen angeordnet sind. Die Unterseite ist mit weiten, cremig weißen Poren bedeckt, die eckig und unregelmäßig sind. Vorkommen in ganz Europa, häufig, an Laubbäumen, besonders an Ahorn, Ulmen, Eschen, Linden und Buchen, oft in großer Höhe, von Mai bis September. ●▲ Essbar sind die jungen Pilze, aber nicht empfehlenswert.

Zäher Porling *Polyporus floccipes* Breite 10 cm

Dieser Pilz existiert in zwei völlig unterschiedlichen Wuchsformen: Manchmal wächst er konsolenartig und fast ohne Stiel, aber oft erscheint er auch mit einem Hut, der auf einem deutlich erkennbaren Stiel sitzt. Dieser Hut ist meist unregelmäßig halbrund oder nierenförmig. Die Oberseite ist blass lederbraun gefärbt und mit dunkleren groben Schuppen besetzt. Die Unterseite ist mit cremig weißen, unregelmäßig eckigen Röhren bedeckt, die am Stiel herablaufen. Der cremefarbene Stiel ist in seiner Länge sehr variabel und sitzt seitlich am Hut. Vorkommen in ganz Europa, recht selten, in Laubwäldern, von April bis Juni. ▲ Ungenießbar.

112

Schwefelporling *Laetiporus sulphureus* Breite 10–30 cm

Der Schwefelporling setzt sich vielgestaltig meist aus mehreren einzelnen Fruchtkörpern zusammen, die ledrig, an den Rändern gewellt und ungefähr 5 cm dick sind. Die Oberseite ist schwefelgelb, die Unterseite mehr orangefarben und mit Poren bedeckt. Der Pilz steht oft ganz typisch mit vielen Fruchtkörpern zusammen, die fächerförmig und dicht dachziegelartig übereinander angeordnet sind. Vorkommen in ganz Europa, selten zahlreich, an Laubbäumen meist in einiger Höhe, oft an Eichen und Rosskastanien, häufig auch an Birn- und Kirschbäumen, von Mai bis August. ●● Essbar ist der junge Pilz, sehr schmackhaft, sollte jedoch vor dem Braten abgebrüht werden.

Rauchgrauer Porling *Bjerkandera adusta* Breite 8 cm

Dieser Pilz tritt meist extrem gehäuft auf. Die Fruchtkörper sind unregelmäßig muschelartig rund und sitzen in großer Anzahl so dicht dachziegelartig sich überlappend zusammen, dass sie kaum noch auseinander zu halten sind. Die Oberseite ist gräulich braun gefärbt, der Rand gewöhnlich heller. Die Unterseite ist mit Poren bedeckt und anfangs gräulich weiß, wird jedoch bald schmuddelig dunkler bis schwärzlich und sieht dann wie angebrannt aus. Vorkommen in ganz Europa, häufig, an morschen Baumstümpfen und Zweigen von Laubbäumen, selten auch an Nadelholz, ganzjährig.
▲ Ungenießbar.

Kiefernbraunporling *Phaeolus spadiceus* Breite 25 cm

Der vielgestaltige Fruchtkörper dieses ungewöhnlichen Pilzes ist groß, dick und hat jung die Form sowie Beschaffenheit eines Schwammes. Die Hutoberseite ist rötlich bis rotbraun gefärbt, oft zusätzlich noch mit breiten, heller gefärbten konzentrischen Zonen. Der Rand ist gewöhnlich gelblich lederfarben. Auf der Unterseite befinden sich Poren, die am Stiel herablaufend und anfangs gelblich sind, mit der Zeit aber dunkler werden. Vorkommen in ganz Europa, lokal häufig, parasitisch an Nadelholz, besonders an Kiefern, von Juli bis November. ▲ Ungenießbar.

Birkenporling *Piptoporus betulinus* Breite 20 cm

Ein Birkenporling gehörte mit zu den Utensilien der am Tisenjoch gefundenen jungsteinzeitlichen „Ötzi"-Mumie. Aber auch in jüngerer Vergangenheit diente er getrocknet oft zum Schärfen von Rasiermessern. Sein Fruchtkörper ist halbkreis- oder nierenförmig, jung noch korkartig weich, und in der Mitte etwa 5 cm dick. Die Oberseite ist glatt, blass ockerbraun gefärbt, der Rand ist rund und schmal eingerollt. Auf der Unterseite sitzen in frischem Zustand cremig weiße Poren. Vorkommen in ganz Europa, ausschließlich an lebenden und toten Birken, Juni bis September. ▲ Ungenießbar.

Schmetterlingstramete *Trametes versicolor*
(Coriolus versicolor) Breite 8 cm

Die Schmetterlingstra-
mete ist wahrscheinlich
der häufigste Konso-
lenpilz in Europa. Der
Fruchtkörper ist halb-
rund, oft mit einem ge-
lappten Rand, und in
der Regel nur ungefähr
2 mm dick. Die Ober-
seite ist sehr schön von
rosa lederfarben bis zu
schwarzbraun gezont.
Beim jungen Pilz ist sie
noch seidig glänzend
und feinsamtig überzo-
gen, später glatt. Die
Unterseite ist hell lederfarben und mit feinen
Poren bedeckt. Vor-
kommen in ganz Euro-
pa, recht häufig, auf zu
Boden gefallenem mor-
schem Laubholz, ganz-
jährig.
▲ Ungenießbar.

Buckeltramete *Pseudotrametes (Trametes) gibbosa* Breite 15 cm

Der korkartige und an der Basis deutlich gebuckelte Fruchtkörper
dieses Konsolenpilzes ist fast halbrund, bis 15 cm im Durchmesser
und 8 cm dick. Die Oberseite ist weißlich, der Rand manchmal mehr
cremefarben. Die Unterseite ist mit cremefarbenen, radial lang ge-
streckten Poren besetzt. Der Pilz ist sehr leicht an seinem grünen Al-
genüberzug zu erkennen und wird gern auch von Insektenlarven als
Futterquelle genutzt. Vorkommen in ganz Europa, häufig, auf morschem Laubholz oder Baumstümpfen, bevorzugt an Buchen, von
September bis Oktober. ▲ Ungenießbar.

Raue Tramete *Daedaleopsis confragosa* Breite 20 cm

Eine häufige und recht charakteristische Tramete. Der Fruchtkörper ist in der Regel halbrund, dabei etwa 10 cm tief und 2 cm dick. Die Oberseite ist konzentrisch bunt gezont, anfangs leder- bis zimtbraun, mit zunehmendem Alter dunkler und schließlich rostrot. Die unterseitigen Poren sind anfangs cremig lederfarben und verfärben sich an Druckstellen rosa, später werden sie grau. Vorkommen in großen Teilen Nord- und Mitteleuropas, an den meisten Laubbäumen, sehr gern an Weiden, Erlen oder Pappeln, ganzjährig.
▲ Ungenießbar.

Wurzelschwamm *Heterobasidion annosum* Breite 25 cm

Dieser parasitische Porling ist für jeden Baum eine potenzielle Lebensbedrohung. Der Fruchtkörper ist groß, im Umriss sowie in der Gestalt meist sehr unregelmäßig und ungefähr 12 cm im Durchmesser sowie 2 cm dick. Die Oberseite wirkt oft angeschwollen, ist runzelig und rötlich braun gefärbt. Der Rand wie auch die porenbedeckte Unterseite ist meist weißlich. Vorkommen in Teilen von Nord- und Mitteleuropa, häufig, auf Baumstümpfen und besonders an Wurzeln von Nadelbäumen, führt zu Wurzelfäule und Absterben des Baumes, ganzjährig. ▲ Ungenießbar.

Ulmenporling *Rigidoporus ulmarius* Breite 50 cm

Dieser Porling ist ausgesprochen häufig. Sein Fruchtkörper ist groß und ziemlich unregelmäßig, dabei aber annähernd halbrund geformt. Er ist holzig, hart, ungefähr 12 cm tief und in der Mitte etwa 8 cm dick. Die Oberseite ist sehr uneben und buckelig, die Vertiefungen und Risse enthalten oft von Bäumen herabgefallene Blätter bzw. Ästchen oder sind mit Algen besetzt. Auf der Unterseite sind hell lederfarbene Poren, wobei der Rand manchmal etwas intensiver gefärbt ist. Vorkommen in ganz Europa, häufig, am unteren Ende von Laubbäumen, besonders von Ulmen, ganzjährig.
▲ Ungenießbar.

Nördlicher Harzporling *Ischnoderma resinosum* Breite 25 cm

Der Fruchtkörper dieses recht auffälligen Konsolenpilzes ist annähernd halbrund und wird ungefähr 12 cm tief und etwa 3 cm dick. Die Oberseite ist wellenförmig, der Rand nur leicht gewellt und seitlich betrachtet nach unten gefaltet. Als junger Pilz enthält er ein rötliches Harz, das oft austritt und sich entlang dem Rand in Tropfen sammelt. Die Unterseite ist mit eckigen, cremig weißen Poren bedeckt, die mit zunehmendem Alter nachdunkeln. Vorkommen in ganz Europa, auf toten Baumstümpfen von Nadel- und Laubbäumen, von September bis Dezember. ▲ Ungenießbar.

Gewöhnlicher Feuerschwamm *Phellinus igniarius* Breite 35 cm

Dies ist ein parasitisch wachsender Porling. Sein Fruchtkörper ist von oben betrachtet beinahe halbrund oder nierenförmig, von der Seite besehen eher dick und hufförmig. Er wird ungefähr 8 cm tief und etwa 20 cm dick. Die Oberseite ist anfangs rötlich braun, später in zunehmendem Maße dunkel graubraun gefärbt und konzentrisch gefurcht. Der Rand erscheint jung etwas heller. Auf der Unterseite sitzen orange- bis lederfarbene Poren. Vorkommen in ganz Europa, immer lokal, selten häufig, an Laubbäumen, insbesondere an Weiden, ganzjährig.
▲ Ungenießbar.

Erlenschillerporling *Inonotus radiatus* Breite 8 cm

Diese Pilzart wird mittelgroß und wächst oft sehr dicht dachziegelartig übereinander. Die einzelnen Fruchtkörper sind holzartig hart, etwa 5 cm tief und bis zu 2 cm dick. Die Oberseite ist beim jungen Pilz haarig filzig und orange- bis gelbbraun gefärbt; wird mit der Zeit aber glatt und beträchtlich dunkler. An der Unterseite befinden sich weißliche bis hellbraune, silbrig schillernde Poren, die zwischen den recht dicht stehenden Fruchtkörpern herablaufen. Vorkommen in ganz Europa, sehr lokal, gern an toten oder lebenden Erlen, ganzjährig.
▲ Ungenießbar.

Wulstiger Lackporling *Ganoderma adspersum* Breite 50 cm

Diesen parasitischen Konsolenpilz findet man oft in dichten Reihen übereinander stehend. Der Fruchtkörper ist fast halbrund, mit deutlich gelapptem Rand. Er wird bis zu 20 cm tief und ungefähr 15 cm dick. Seine Oberseite ist rötlich braun, mit zahlreichen konzentrischen Furchen und darüber mit einer feinen Lackschicht versehen. Auf der Unterseite zart rosafarbene bis weiße Poren, die bräunliche Sporen entlassen und so Pilze darunter braun einfärben. Vorkommen in ganz Europa, am Fuß von Laubbäumen, ganzjährig.
▲ Ungenießbar.

Glänzender Lackporling *Ganoderma lucidum* Breite 20 cm

Der Fruchtkörper dieser Pilzart ist beinahe nierenförmig mit einem gelappten welligen Rand. Die Oberseite ist uneben, dabei von rot über dunkelbraun bis schwarz konzentrisch eingefärbt und vollständig mit einer lackartig glänzenden Kruste überzogen. Auf der Unterseite befinden sich rundliche, gebrochen weiße Poren, die allmählich nachdunkeln. Oftmals findet man den Pilz auch mit seitlich angewachsenem Stiel. Vorkommen in ganz Europa, meist lokal und am Fuß lebender Laubbäume, auf vergrabenen Wurzeln, ganzjährig.
▲ Ungenießbar.

Flacher Lackporling *Ganoderma applanatum* Breite 60 cm

Der Flache (auch: Abgeflachte) Lackporling ist annähernd halbkreisförmig und wird etwa 30 cm tief und bis zu 5 cm dick. Seine Oberseite ist, da er nach außen konzentrisch in die Breite wächst, recht uneben und buckelig. Die Oberfläche ist rötlich braun gefärbt, meist mit einer hellen Kante und oft, wie mit Kakaopulver, matt mit braunen Sporen überzogen. Die Unterseite ist blass lederfarben und läuft an Druckstellen bräunlich an. Vorkommen in ganz Europa, stets lokal und spärlich, an Stümpfen von Laubbäumen, bevorzugt an Buchen, ganzjährig. ▲ Ungenießbar.

Echter Zunderschwamm *Fomes fomentarius* Breite 45 cm

Dieser auch als Feuerschwamm bezeichnete Pilz wächst in der Regel etwa ebenso breit wie hoch und ist huf- oder umgekehrt konsolenförmig. Die rußig graue Oberfläche ist konzentrisch gefurcht und am unteren Rand blass bräunlich gefärbt. Die unterseitigen Poren sind hell graubraun. Der ganze Pilz ist korkartig und relativ hart. Er fand in früheren Zeiten oft als blutstillendes Mittel Verwendung oder, in Salpetersäure getränkt, als hervorragendes Zundermaterial. Vorkommen in Mitteleuropa, spärlich, insbesondere an Buchen, ganzjährig. ▲ Ungenießbar.

Leberpilz *Fistulina hepatica* Breite 12 cm

Der Fruchtkörper dieses auch als Ochsenzunge bekannten Pilzes wächst sehr typisch zungen- oder konsolenförmig. Die Oberseite ist beim jungen Pilz blutrot bis rotbraun gefärbt und erinnert dabei entfernt an eine rohe Leber. Mit zunehmendem Alter wird sie lederartig und dunkler. Oftmals sondern junge Poren rote Tropfen ab. Von Pilzgeflecht braun gefärbtes Eichenholz ist vor allem in England für Holzvertäfelungen sehr gefragt. Vorkommen in ganz Europa, sehr lokal, fast nur an alten Eichen, von Juni bis September. ● Essbar, wenn jung und zuvor gut gewässert.

Orangefarbiger Kammpilz *Phlebia radiata* Breite 10 cm

Dieser flach und mattenartig wachsende Pilz ähnelt einer Flechte. Die Fruchtkörper sind am Untergrund angeheftet und bilden unregelmäßig runde bis ovale große Flecken, die sich nach und nach überlappen und zusammenfließen, sodass einzelne Exemplare kaum noch auszumachen sind. Die Oberfläche ist gummiartig, krustig, und leuchtend orangerot gefärbt, mit einem deutlich helleren Rand. Vorkommen in vielen Teilen Nord- und Mitteleuropas, häufig, auf der Borke von toten Laubbäumen, besonders Birken und Buchen, ganzjährig. ▲ Ungenießbar.

121

Judasohr *Auricularia (Hirneola) auricula-judae*
Breite 8 cm

Das Judasohr ist ein besonders ungewöhnlicher Gallertpilz. Er ist im Gegenlicht teilweise lichtdurchlässig und oft typisch ohrenähnlich geformt. Diese „Ohrmuschel" ist nach unten gerichtet, und auf der Rückseite sind einige verzweigte Falten zu erkennen, die wie Adern aussehen. Der Pilz ist oberseits bräunlich und fein filzig behaart, unterseits glatt und graubraun. Vorkommen in ganz Europa, lokal recht häufig, an Laubbäumen, auf abgestorbenem Holz, sehr gern an älteren Holundersträuchern, ganzjährig, im Winter häufiger.
●▲ Essbar, aber nicht empfehlenswert.

Rotbrauner Zitterling *Tremella foliacea* Breite 8 cm

Dieser recht ungewöhnliche Waldpilz bildet einen unregelmäßigen gallertartigen Fruchtkörper, der vollständig entwickelt faustgroß wird und oft hirnartig gelappt bzw. gewunden erscheint. In frischem Zustand fühlt er sich glibberig an und ist rötlich bis purpurbraun gefärbt. Mit zunehmendem Alter und besonders bei Trockenheit schrumpft er zusammen, wird hornartig und schwarz bräunlich. Vorkommen in ganz Nordwesteuropa, recht häufig in Großbritannien, in Wäldern auf abgestorbenem Laubholz, besonders an Eichenholz, von November bis März. ▲ Ungenießbar.

Goldgelber Zitterling *Tremella mesenterica* 10 cm

Der Fruchtkörper dieses recht auffälligen Gallertpilzes besteht aus einer hirnartig gelappten und gewundenen, gallertähnlichen zähen Substanz, die im Durchmesser etwa 4 cm breit wird. Er ist leuchtend hellgelb gefärbt und stellt im Winter in sonst kahlem Geäst oft einen echten Blickfang dar. Mit der Zeit trocknet der Fruchtkörper aus, wird dunkel orangebraun und knorpelig. Vorkommen in ganz Europa, speziell häufig an Stechginster auf Heideflächen, oft auch auf abgestorbenem und noch nicht abgefallenem Laubholz, von November bis März. ▲ Ungenießbar.

Gemeiner Drüsling *Exidia plana (E. glandulosa)* Breite 5 cm

Dieser ungewöhnliche Pilz bildet glänzend gallertartige Fruchtkörper, die wie schwarze Butterstückchen aussehen. Daher wird er auch gern Hexenbutter genannt. Er ähnelt im Aussehen dem Goldgelben Zitterling, außer dass er vollständig schwarz ist; bildet hirnartig gelappte dichte Klumpen. Dadurch, dass der Finger beim Wischen über die Oberfläche des Pilzes nicht schwarz wird, kann man ihn gut vom Schmutzbecherling unterscheiden. Vorkommen in ganz Nordwesteuropa, häufig, an Laubholz, meist an Eichen, ganzjährig. ▲ Ungenießbar.

Klebriger Hörnling (Schönhorn) *Calocera viscosa*
8 cm

Der Pilz wird wegen seines überaus auffälligen und attraktiven Aussehens auch Schönhorn genannt. In seiner Höhe variiert er zwischen nur knapp 2 cm großen und weitaus größeren, stark verzweigten Exemplaren. Er ist leuchtend dottergelb gefärbt und somit auf dem Waldboden sehr leicht auszumachen. Im Lauf der Zeit trocknet er aus und wird zunehmend dunkler. Vorkommen in Nord- und Mitteleuropa, recht häufig, fast nur in Nadelwäldern, fest verbunden mit absterbenden Baumstümpfen oder teilweise vergrabenen Wurzeln, von Juli bis November.
▲ Ungenießbar.

Gerippte Morchel *Morchella costata* 12 cm

Dieser ansehnliche mittelgroße Pilz ist einer von mehreren sehr ähnlich aussehenden Morcheln. Sein Hut ist kegelförmig rund und recht lang; obenauf meist rund und gebuchtet. Die Hutoberfläche ist tiefbraun gefärbt und mit Kammern versehen. Diese sind durch Querrippen voneinander getrennt, die zwischen den langen, fast parallel verlaufenden Längsrippen stehen. Der Stiel ist weißlich, wellig kraus und hohl. Vorkommen in ganz Mittel- und Südeuropa, auf freier Fläche, gelegentlich auf stark aufgewühltem Boden, im Frühjahr.
●● Essbar, sehr empfehlenswert wegen seines Aromas.

Maimorchel *Morchella esculenta* 20 cm

Die Maimorchel ist einer der begehrtesten und am meisten gepriesenen Speisepilze in Europa. In ihrer Größe ist sie äußerst variabel. Der rundliche bis birnenförmige Kopf ist blass rehbraun gefärbt und runzelig. Die Oberfläche ist wabenartig mit tiefen Kammern versehen, der ganze Hut ist schwammartig. Der Stiel ist weiß, dick und hohl, oft zur Basis hin verdickt. Vorkommen in ganz Europa, selten häufig, an unterschiedlichen Standorten wie Laub- und Mischwäldern, Gärten und Parks, gern auf Kalkböden, von März bis Mai. ●● Essbar, empfehlenswert und äußerst schmackhaft.

Gemeine Morchel *Morchella vulgaris* 14 cm

Diese Morchelart, oft auch als Speisemorchel bezeichnet, ist in ihrer Größe und in ihrem Auftreten sehr variabel. Der Kopf ist unregelmäßig rund oder birnenförmig, im Scheitel oft spitz und blass lederbraun gefärbt. Die Oberfläche ist gekräuselt, gebogen und mit einem wabenartigen Netzwerk aus tiefen Kammern bzw. Rippen versehen. Der Hut gleicht im Aussehen oft einem Badeschwamm. Der weißliche Stiel ist kräftig, hohl und meist unregelmäßig verformt. Vorkommen in ganz Europa, selten häufig, an Wegrändern, von April bis Juni. ●● Essbar, sehr empfehlenswert. Exemplare, die von anderen parasitischen Pilzen befallen sind, nicht verwerten!

Mützenmorchel *Morchella gigas (Mitrophora semilibra)* 12 cm

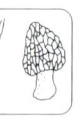

Ein extrem variabler Pilz und deshalb leicht mit der Stinkmorchel zu verwechseln. Der Hut ist unregelmäßig kegelförmig, gelegentlich auch gerundet. Seine Oberfläche ist mit deutlich ausgeprägten, fast parallelen Längsrippen und eingesunkenen Querverbindungen überzogen. Er ist schwarzbraun gefärbt, die Rippen sind meist wesentlich dunkler. Der hellere Stiel ist unterschiedlich lang und dabei oft zur Basis hin verdickt. Vorkommen in ganz Europa, ziemlich lokal, in feuchtem Waldgelände, Auwäldern und Parks, von April bis Mai.
● Essbar.

Herbstlorchel *Helvella crispa* 15 cm

Der auch Krause Lorchel genannte Pilz sieht sehr ungewöhnlich aus und ist leicht am Hut zu erkennen. Dieser kann bei einigen Exemplaren bis zu 12 cm groß werden, ist aber in aller Regel etwa 8 cm hoch. Er ist blassgrau bis cremig weiß, gekräuselt und recht vielfältig gestaltet. Der weiße Stiel ist längs tief gefurcht sowie verformt und erinnert an miteinander verschmolzene Kunststoffstränge. Vorkommen in ganz Europa, in Nadel- und Laubwäldern entlang grasigen Waldschneisen oder in herabgefallenem Laub, von September bis November.
▲ Ungenießbar.

Frühjahrslorchel *Gyromitra esculenta* 12 cm

Diese giftige Becherlingsvariante ist eine weitere, sehr ungewöhnlich aussehende Pilzart, die einer Morchel ähnelt. Der Hut oder Kopf ist rötlich braun, meist unregelmäßig rund, kann aber jede erdenkliche Form annehmen. Die Hutoberfläche ist rotbraun gefärbt sowie gehirnartig gefaltet und gewunden, aber rundlicher und dichter gedrängt als vergleichsweise bei den Morcheln. Der Stiel ist gelblich weiß, kräftig und meist verformt. Vorkommen in ganz Europa, sehr selten, auf sandigem Untergrund in Nadelwäldern, oft unter Kiefern, von März bis Mai. Früher gekocht als Delikatesse geschätzt (daher auch: Speiselorchel), doch schwerste Vergiftungen möglich. ▲▲ **Stark Giftig!**

Blasenförmiger Becherling *Peziza vesiculosa* Breite 8 cm

Dieser ansehnliche Becherling ist einer von zahlreichen, sehr ähnlich aussehenden Arten. Seine Hutoberfläche ist strukturiert und glatt gefaltet. Die Schüsselform wird durch den eingerollten Rand noch betont; meist ist dieser eingerissen oder gekerbt. Einige Exemplare erhalten ihre fast kugelige Form, andere verformen sich in zunehmendem Maße. Außen ist der Becher hell lederbraun gefärbt und puderig, innen wesentlich dunkler und später mit kleinen Blasen bedeckt. Vorkommen in ganz Nordwesteuropa, auf Kompost- und Misthaufen, im Bodenlaub, von September bis April. ▲▲ **Giftig!**

Wachsbecherling *Peziza cerea* Breite 5 cm

Dieser fleischige becherförmige Pilz ist leicht durch seine Vorliebe für ganz bestimmte Standorte von anderen, sehr ähnlichen Arten zu unterscheiden. Sein Hut ist oft verformt und blass creme- bis lederfarben. Er ist beiderseits fast gleichfarbig, dabei innen glatt und außen wie mit Staub überzogen. Der Pilz wächst an geeigneter Stelle gern in Gruppen. Vorkommen in ganz Europa, gelegentlich recht häufig, fast ausschließlich auf Mörtel zwischen Ziegel- und Pflastersteinen oder auf feuchtem Mauerwerk in Kellern und Garagen, ganzjährig. ▲ Ungenießbar.

Milchender Becherling *Peziza petersii* Breite 5 cm

Dieser unregelmäßig becherförmige Pilz ist an geeigneten Stellen oft in größeren Haufen zu finden. Der becherförmige Hut ist meist seitlich mit einer nur schmalen, ausgefransten Öffnung zusammengedrückt. Einzelne, aber auch dicht in Gruppen beieinander stehende Exemplare sehen so oft wie Muscheln oder andere Weichtiere aus. Der Hut ist rötlich braun bis lederfarben, außen zur Basis hin zunehmend gräulich. Vorkommen in ganz Europa, sehr selten, an Straßen- und Wegrändern aller Art, bevorzugt auf verbranntem Untergrund, von Juni bis Oktober. ▲ Ungenießbar.

Kastanienbrauner Becherling *Peziza badia* Breite 7 cm

Dies ist ein recht auffälliger, fleischartiger Becherling. Der Hut ist im Vergleich mit anderen verwandten Arten recht flach und offen. Der Rand ist in der Regel wellig und gelegentlich eingerissen. Die Innenseite ist dunkel rötlich braun, während die Außenseite etwas heller und fein kleiig ist. Vorkommen in ganz Europa, manchmal häufig, auf nacktem Sandboden in Nadelwäldern, gern unter Kiefern, auf sandigen, viel begangenen Wegen, an Wegrändern, von Juni bis September.
▲▲ **Giftig!** Abgekocht jedoch essbar, aber nicht empfehlenswert.

Scharlachroter Kelchbecherling *Sarcoscypha coccinea* 5 cm

Dieser farbenfrohe ansehnliche Pilz bildet sehr schön geformte Becher oder Schalen. Die Innenseite ist leuchtend scharlach- bis zinnoberrot und glatt. Im Gegensatz dazu ist die Außenseite recht blass, kreidig und haarig filzig. Der Becher ist mit kurzen, aber festen Fasern an seinem Standort befestigt. Vorkommen in ganz Nord- und Mitteleuropa, selten zahlreich, entlang von Waldwegen, an feuchten Stellen, allem Anschein nach auf dem Boden wachsend, bei näherem Hinsehen aber auf herabgefallenem und halb vergrabenem Laubholz, von November bis Mai. ▲ Ungenießbar.

Eselsohr *Otidea onotica* 10 cm

Der nach einer Seite hängende, länglich wachsende Öhrling ist ein besonders attraktiver Pilz mit einem recht passenden Namen. Seine Oberfläche ist oft recht zerknittert und der Rand manchmal ausgefranst. Die Innenseite ist orange- bis fleischfarben und glatt, die Außenseite hingegen gelb gefärbt und puderig. Über einen kurzen filzigen Stiel ist der Pilz mit dem Standort verbunden. Vorkommen in ganz Europa, sehr lokal, in Laub-, selten in Nadelwäldern, in kleinen Gruppen zwischen herabgefallenem Laub, von September bis November. ▲ Ungenießbar.

Lederfarbener Öhrling *Otidea alutacea* Breite 4 cm

Dieser Pilz ist einseitig becherförmig und in der Regel weniger verformt als das Eselsohr. Der Fruchtkörper ist gelegentlich fast schüsselförmig, dabei aber immer noch recht ungleichmäßig geformt mit einem welligen Rand. Innen ist er orange lederfarben bis blass gelbbraun, außen heller und mehlig überzogen. Der Becher ist durch einen sehr kurzen dicken Stiel mit dem Standort verbunden. Vorkommen in ganz Nordwesteuropa, recht selten, in Wäldern aller Art, oft in kleineren Gruppen zwischen herabgefallenem Laub, von August bis Oktober. ▲ Ungenießbar.

Gemeiner Orangenbecherling *Aleuria aurantia* Breite 8 cm

Dieser unverwechselbare Pilz ist farblich der vielleicht auffälligste gewöhnliche Becherling. Er bildet leicht deformierte Becher in recht unterschiedlichen Größen aus, beginnend bei 1 cm. Die Innenseite ist leuchtend orange, die Außenseite mehr orangegrau gefärbt, vergleichbar der Innenseite einer Orangenschale. Beim Aufsammeln entlässt der Pilz oft einen Sporenwolke, wenn sich die Sporen tragenden Asci gleichzeitig entleeren. Vorkommen in ganz Nordeuropa, zwischen Gras oder Blättern an Wegen und freien Waldstellen, von September bis November. ▲ Ungenießbar.

Sumpf-Haubenpilz *Mitrula paludosa* 4 cm

Der Sumpf-Haubenpilz ist ein seltsamer und faszinierender Bewohner feuchter Standorte. Der Sporen bildende Kopf ist rund oder keulenförmig, leuchtend gelb oder gelblich orange gefärbt. Er sitzt auf einem langen, schlanken weißen Stiel, der je nach Untergrund auch verformt sein kann. An manchen Standorten ist oftmals nur der gelbe Kopf zu sehen. Vorkommen in ganz Nordeuropa, in der Regel sehr lokal und leicht zu übersehen, in Sümpfen und an feuchten Waldstellen, in Tümpeln und Gräben, zwischen Torfmoos auf moderndem Laub, von April bis September. ▲ Ungenießbar.

Grüner Holzbecherling *Chlorosplenium (Chlorociboria) aeruginascens* Fruchtkörper bis 2 mm

Dieser Pilz ist dafür bekannt, dass er das Holz, auf dem er wächst, deutlich grün verfärbt und winzige Fruchtkörper ausbildet. Diese sind leuchtend spangrün gefärbt, flach schalen- oder becherförmig, oft unregelmäßig deformiert. Sie werden 1–5 mm breit. Die Verfärbung auf der Holzoberfläche wird durch das Pilzmyzel verursacht, die kleinen Fruchtkörper sind seltener zu sehen. Vorkommen in ganz West- und Nordeuropa, lokal häufig, auf morschem und durchfeuchtetem Laubholz, besonders auf Eichenholz, September bis November. ▲ Ungenießbar.

Schmutzbecherling *Bulgaria inquinans* Breite 4 cm

Jedes der gallertigen Klümpchen dieses Pilzes ist anfangs rundlich dick, etwa 1 cm im Durchmesser, mit einer Vertiefung obenauf und wird später kreiselförmig. Jung ist er an der Seite bräunlich und oben schwarz gefärbt. Er kann vom sehr ähnlichen *Exidia glandulosa* (Gemeiner Drüsling) gut durch seine schwarzen Sporen unterschieden werden, die bei Berührung am Finger haften bleiben; letzterer bildet farblose Sporen. Vorkommen in ganz Europa, oft häufig, in Reihen auf der Borke frisch gefällter Eichen, seltener auf Buchenborke, von September bis November. ▲ Ungenießbar.

Fleischroter Gallertbecher *Ascocoryne sarcoides* Breite 1 cm

Dieser Gallertpilz ist verhältnismäßig häufig. Er bildet rötlich purpurfarbene geleeartige Haufen, die zusammenklumpen und gut an ihrer Farbe zu erkennen sind. Nicht alle Fruchtkörper gelangen zur vollständigen Reife, bei der sie schließlich kreisel- bis flach schalenförmig sind, im Durchmesser etwa 1,5–2 cm messen und scheitelständig eine Vertiefung haben. Vorkommen in ganz Nordeuropa, lokal zahlreich, in größeren Gruppen, in Laubwäldern auf der Borke und gelegentlich dem Holz umgestürzter Buchen, manchmal auch auf anderen Bäumen, von Juli bis November.
▲ Ungenießbar.

Zitronengelber Becherling *Bisporella citrina* 3 mm

Dieser häufige und auffällige Becherling wächst gern dicht stehend in größeren Gruppen. Jeder Fruchtkörper ist oberseits rundlich scheibenförmig und zur Basis hin verjüngt. Junge Exemplare sind leuchtend zitronengelb, während ältere dunkler werden oder auch ausbleichen. Auf geeignetem Untergrund bildet der Pilz Trauben von dicht stehenden Fruchtkörpern, die besonders bei Trockenheit zusammenfließen. Vorkommen in ganz Nordwesteuropa, häufig, in Wäldern auf herabgefallenen Ästen und Laubholz, oft auch bei einer abgeschälten Borke, von September bis November. ▲ Ungenießbar.

Blassroter Gallertbecher *Neobulgaria pura* Breite 2 cm

Der Blassrote Gallertbecher ist ein recht variabel gestalteter Gallertpilz. Der Fruchtkörper erreicht eine Größe von mindestens 2 cm und ähnelt einer fleischigen Masse mit einer gewundenen, unförmigen Oberfläche. Er ist in der Regel blass bräunlich bis rosafarben und ziemlich glatt. Der Pilz bildet gelegentlich dichte Haufen. Vorkommen in ganz Europa, manchmal lokal häufig, in Wäldern aller Art, büschelig auf toten Buchenzweigen und -ästen oder auf anderem, frisch gefälltem Laubholz, von Juni bis November.
▲ Ungenießbar.

Périgord-Trüffel *Tuber melanosporum* Breite 5 cm

Die Périgord-Trüffel ist sicherlich einer der wohlschmeckendsten und teuersten im Handel erhältlichen Pilze. Der Fruchtkörper ist eine fast kugelig runde Knolle. Seine Oberfläche ist schwärzlich glänzend und mit eckigen, warzigen Höckern überzogen. Angeschnitten erscheint das Fleisch dunkel bläulich braun und ist sehr fein weiß geädert. Vorkommen in Südeuropa, unterirdisch zwischen Eichenwurzeln, Spätwinter und Frühjahr, kaum einmal zu sehen und schwer aufzuspüren. Für die professionelle Suche werden abgerichtete Schweine oder Hunde eingesetzt. ●● Essbar, äußerst schmackhaft.

Vielgestaltige Holzkeule *Xylaria polymorpha* 8 cm

Der Fruchtkörper dieses ungewöhnlich aussehenden Pilzes besteht aus sehr ungleichmäßigen, oft stark verformten Keulen oder Zapfen, die mit viel Fantasie manchmal auch wie menschliche Finger aussehen können. Seine Oberfläche ist fast schwarz, glanzlos und rau. Die Keulen stehen auf stielähnlichen Zapfen, die lederbraun gefärbt sind. Das Fleisch ist weiß und korkig zäh. Vorkommen in ganz Europa, häufig, in Laubwäldern, besonders unter Buchen und Eschen, auf verrottenden Baumstümpfen und totem Holz, ganzjährig. ▲ Ungenießbar.

Geweihförmige Holzkeule *Xylaria hypoxylon* 6 cm

Auf totem Holz ist die Geweihförmige Holzkeule eine der häufigsten und sehr leicht zu erkennenden Pilzarten. Sie besteht aus flachen schwarzen Stielchen, die senkrecht nach oben stehen. Dabei sind sie oft in zwei bis fünf zugespitzte, geweihähnliche Fortsätze verzweigt. Anfangs noch weiß, dunkeln sie mit der Zeit nach, sodass der ganze Pilz vollkommen schwarz werden kann. Auf geeignetem Untergrund erscheinen die Fruchtkörper in größerer Zahl. Vorkommen in ganz Europa, häufig, in Wäldern auf morschem Laubholz und Baumstümpfen, ganzjährig. ▲ Ungenießbar.

Kohlenbeere *Hypoxylon fragiforme* Breite 15 mm

Dies ist ein winziger, Gruppen bildender Pilz. Der Fruchtkörper ist schwach gewölbt oder kugelig, zunächst rostrot gefärbt, wird jedoch später schwarz. Die Oberfläche ist leicht aufgeraut. Die Zeit, in der der rote Pilz anzutreffen ist, liegt meist im Spätsommer und ist dann nur von kurzer Dauer. So findet man den Pilz eher spät im Jahr in seiner ausdauernden, schwarzen Form. Vorkommen in ganz Europa, sehr häufig, erstbesiedelnd auf der Borke abgestorbener Buchen, manchmal auch auf anderem Laubholz, von August bis April.
▲ Ungenießbar.

Zinnoberroter Pustelpilz *Nectria cinnabarina* Breite 3 mm

Dieser Pilz ist zwar klein, aber sehr farbenfroh und stets in Gruppen anzutreffen, die auf geeignetem Untergrund große Flächen bedecken können. Der Pilz erscheint in zwei Formen, die nebeneinander auftreten können: Das asexuelle Stadium ist sehr schön rosarot bis orangefarben und kissenförmig, wohingegen er im geschlechtsreifen Zustand zinnoberrot gefärbt, recht hart und höckerig ist. Vorkommen in ganz Europa, oft sehr häufig, auf toten Laubholzästen, auf Baumstümpfen, selten auch an Nadelholz, ganzjährig.
▲ Ungenießbar.

Zungen-Kernkeule *Cordyceps ophioglossioides* 10 cm

Ein interessanter und leicht zu übersehender parasitärer Pilz. Der Fruchtkörper ist ungleichmäßig keulenförmig. Seine Oberfläche ist leicht warzig aufgeraut und jung gelb gefärbt; wird mit zunehmendem Alter fast schwarz, wobei der Stiel oft seinen gelben Farbton beibehält. Der Stiel ist je nach Untergrund oft verdreht oder verformt. Vorkommen in ganz Nordeuropa, lokal und recht selten, in moosreichen Wäldern parasitisch auf dem unterirdischen, trüffelähnlichen *Elaphomyces muricatus* (Hirschtrüffel), von September bis November. ▲ Ungenießbar.

Kopfige Kernkeule *Cordyceps canadensis* 10 cm

Dies ist eine weitere sehr ungewöhnliche Pilzart, die parasitisch auf anderen Pilzen (Hirschtrüffel) lebt. Der obere Teil des Fruchtkörpers ist ein glänzend, rötlich braunes Köpfchen, das einer reifen Kastanie ähnlich sieht und auf einem langen Stiel sitzt. Dieser ist leuchtend gelborange gefärbt und je nach Standort oft recht verdreht oder gekrümmt. Vorkommen in ganz Nordeuropa, lokal und sehr selten, in moosreichen Nadelwäldern parasitär auf unterirdischen, trüffelartigen *Elaphomyces*-Arten, von September bis November.
▲ Ungenießbar.

Holzkohlenpilz *Daldinia concentrica* Breite 5 cm

Der Fruchtkörper dieser auch Kohliger Kugelpilz genannten Art bildet eine fast kugelige, schwarz glänzende Knolle, die durch die Bildung beständig neuer Schichten an Umfang zunimmt. Anfangs sind diese kohlenähnlichen Knollen mit einem rötlichen Sporenpulver bedeckt, das aber mit der Zeit verschwindet. Mit dem Messer halbiert erkennt man, dass der Fruchtkörper aus dunklen bis sehr hellgrauen konzentrischen Zonen besteht. Vorkommen in ganz Europa, auf Eschen, selten auf anderen Laubbäumen, ganzjährig.
▲ Ungenießbar.

Brandkrustenpilz *Ustulina deusta* Breite 4 cm

Eine krustenförmig und mattenartig wachsende Pilzart, die auch für eine Flechte gehalten werden kann. Der Fruchtkörper gleicht einem unförmigen, andeutungsweise runden Lappen mit gewelltem und gebuchtetem Rand. Jung ist der Pilz glatt, korkartig weich und gräulich braun, am Rand meist heller gefärbt. Später wird er fast schwarz, hart und extrem brüchig. Vorkommen in ganz Europa, häufig, auf morschen Baumstümpfen von Buchen und anderen Laubbäumen, von Juni bis August, in schwarzer Form auch ganzjährig. ▲ Ungenießbar.

Buttermilchpilz *Lycogala epidendrum* Breite 1 cm

Eine recht sonderbar aussehende Pilzart, die zu den Myxomyzeten (Schleimpilze) gehört. Die längste Zeit seines Lebens verbringt dieser Pilz in Form einer schleimigen, beweglichen Plasma-Masse (Plasmodium). Deutlich sichtbar wird er ausschließlich dann, wenn er dicht zusammenstehende, kugelige, rosafarbene Fruchtkörper bildet. Diese verblassen allmählich und reißen ein, um die Sporen freizusetzen. Vorkommen in ganz Europa, sehr häufig, in Wäldern, meist auf abgestorbenem Laubholz, von Juli bis September.
▲ Ungenießbar.

Gelbe Lohblüte *Fuligo septia* Breite 15 cm

Dies ist sicher einer der schönsten, leuchtend gefärbten Schleimpilze, der sich dadurch auch deutlich von anderen Arten unterscheiden lässt. Den größten Teil seines Lebens ist er kaum von anderen Plasma bildenden Schleimpilzen zu unterscheiden. Aus den beweglichen Plasmodien gehen gallertartige, leuchtend gelbe Fruchtkörper hervor. Diese sind allerdings so weich, dass sie kaum zusammenhalten. Vorkommen in ganz Europa, an feuchten Stellen in Wäldern aller Art abgestorbenes Holz bedeckend, von Juni bis Oktober. ▲ Ungenießbar.

Weiterführende Literatur

Cetto, B.: *Enzyklopädie der Pilze, Band 1-4.*
BLV Verlagsgesellschaft, München 1988

Flück, M.: *Welcher Pilz ist das?* Franckh-Kosmos Verlag,
Stuttgart 1995

Gerhardt, E.: *Pilze.* BLV Verlagsgesellschaft, München 1995

Harding, P./Lyon, T./Tomblin, G.: *Der Kosmos Pilzführer.*
Franckh-Kosmos Verlag, Stuttgart 1997

Kothe, H.W.: *Pilze.* Naturbuch Verlag, Augsburg 1998

Phillips, R.: *Der große Kosmos Naturführer.* Franckh-Kosmos
Verlag, Stuttgart 1998

Ryman, S./Holmåsen, I.: *Pilze.* Bernhard Thalacker Verlag,
Braunschweig 1992

Nützliche Adressen

Deutsche Gesellschaft für Mykologie e.V. (DGfM);
Kierweg 3, 54558 Mückeln; Internet: http://www.dgfm-ev.de

Verband Schweizerischer Vereine für Pilzkunde, Hans Fluri;
Im Stöckli 41, CH-8854 Galgenen;
Internet: http://www.pilze.ch

Informationszentrale für Vergiftungen des Landes Nord-
rhein-Westfalen; Adenauerallee 119, 53113 Bonn; Internet:
http://meb.uni-bonn.de/giftzentrale/index.html

Homberger Pilzzuchtzentrum; Leimattenstr. 33,
78132 Homberg; Internet: http://www.pilzzentrum.de

Hawlik Euro-Pilzbrut GmbH; 82062 Großdingharting;
Internet: http://www.wuroipilz.de

Biologische Pilze (Zuchtbetrieb); An der Mainleite 4,
97828 Marktheidenfeld; Internet: http://www.biopilze.de

Bund für Umwelt und Naturschutz Deutschland e.V.; Im
Rheingarten 7, 53225 Bonn; Internet: http://www.bund.net.

Register

141

143